中国手作——传统手工艺匠心系列丛书

年画唯美

Nianhua Weimei

王锦强 ◎ 审定
周莉芬 ◎ 主编

中国科学技术出版社
·北京·

图书在版编目（CIP）数据

年画唯美 / 周莉芬主编 . — 北京：中国科学技术出版社，2022.12

（中国手作——传统手工艺匠心系列丛书）

ISBN 978-7-5046-9829-2

Ⅰ.①年… Ⅱ.①周… Ⅲ.①年画 – 手工业者 – 介绍 – 中国 Ⅳ.① K828.1

中国版本图书馆 CIP 数据核字（2022）第 202088 号

策划编辑	徐世新
责任编辑	向仁军
封面设计	锋尚设计
版式设计	锋尚设计
责任校对	吕传新
责任印制	李晓霖

出　　版	中国科学技术出版社
发　　行	中国科学技术出版社有限公司发行部
地　　址	北京市海淀区中关村南大街 16 号
邮　　编	100081
发行电话	010-62173865
传　　真	010-62173081
网　　址	http://www.cspbooks.com.cn

开　　本	710mm×1000mm　1/16
字　　数	245 千字
印　　张	15.25
版　　次	2022 年 12 月第 1 版
印　　次	2022 年 12 月第 1 次印刷
印　　刷	北京瑞禾彩色印刷有限公司
书　　号	ISBN 978-7-5046-9829-2/K・340
定　　价	98.00 元

（凡购买本社图书，如有缺页、倒页、脱页者，本社发行部负责调换）

编委会

总 顾 问　王锦强
学术顾问　刘钟萍　辛艳君　韩建峰　郭全生　杨　鹏
　　　　　　钟星琳　邰立平　乔　麦　胡光葵
主　　任　周莉芬
副 主 任　刘　蓓　卜亚琳　刘　稳　陈　晨　蔡　卉
　　　　　　张一泓　袁　静　石舜禹　杨　洋　林毓佳
委　　员　郭海娜　崔　倩　薛　萌　王　涵　戚晓雪
　　　　　　张　阳　樊　川　于丽霞　饶　祎　赵　景

引言

春去秋来寒冬至，一年一年又一年。"年文化"对于华夏儿女来说，有着特殊的情感和内涵。在外漂泊的游子无论路途多远都希望可以赶在大年三十回家过年，贴春联、年画、福字，吃年糕、饺子，放爆竹、烟花。

宋代名家王安石在诗《元日》中云："爆竹声中一岁除，春风送暖入屠苏。千门万户曈曈日，总把新桃换旧符。"生动地描述了除夕之日的热闹民俗。新桃旧符发展到后来就渐渐分化成了春联和门画，而门画就是门神画的前身，而门神画又是年画的前身。

试问作为读者的你，是不是还记得每逢春节，家门上张贴的门神画和屋子里张贴的那些寓意吉祥富贵的画作。而最令你印象深刻的是那些丰腴可爱抱着元宝、鲤鱼的大头娃娃，还是那些威风凛凛、手持兵器、怒目圆睁的武将门神，抑或是手持如意的财神、接福迎祥的文官等。

在我国很多地区都有过年张贴吉祥年画、门神以及对联的习俗。一年一换，只供一年的欣赏使用。年画是中国民间一种古老的传统艺术，它广义是指岁时的绘画，源头最早可以追溯到汉代时期驱邪捉鬼的门神神荼、郁垒。门神画在年画中是最为常见的，从最早的桃符、金鸡、神荼、郁垒到关羽、钟馗、秦琼、尉迟恭和东方朔等，体现出一条鲜明的发展脉络。虽然门神的人物在变化，但门神画的应用却延续了上千年，这也表明，在我国漫长的农耕社会，古人对年的期待深切，对自然神明的依赖也很深切。随自然四季耕种，受风霜雨露敲打，古人在面对灾难与不幸时，多将希望寄托在自己感悟和想象的自然神明身上。所以，中国早期的年画有着一个共同的主题：避邪祈福。

其实，风调雨顺、天下太平、五谷丰登、家庭安乐、生活富足等对生活的美好向往在年画上都有体现。在物质匮乏的农耕时代，年画是理想的寄托，它赋予了新和开始的意义，鼓励人们带着美好的向往在新的一年里奋力拼搏。所以，除了那些绘画技巧、制作技艺，精神价值也是年画中最重要的价值。

随着雕版印刷技术的出现，木版年画登上了历史舞台。那么什么是木版年画，木版年画具体又是怎么诞生的呢？

早期的年画发展到木版年画，已不仅仅只是一种岁时绘画，而更多地成为一种民俗需求。经过历史的发展，它已经潜移默化、深入人心，在大众心里成为过年时不可或缺的需求。

唐朝，雕版印刷术得以发明，而后在宋朝时期兴盛起来。木版印刷术的兴起，使木版年画应运而生。一开始，这一技术还只是被用来印制佛教经文。在民间需求的推动下，木版印刷很快便被应用在了纸马生产上，并流行开来。纸马是我国民间用于祭祀的物品，所以这一流行也就表明此时以木版印刷的物品被用来驱邪祈福的习俗已初步形成。

但令人出乎意料的是，这种习俗并没有迅速扩展，或者说并未形成包括年画在内的风俗体系。张贴年画的风俗直到明末清初才得以形成。康乾盛世之际，张贴年画等风俗得到了普及，成为一种风俗的需要。此时的木版印刷技术已经非常成熟，在民俗需要的推动下，能够批量生产，具有巨大复制能力的木版年画在大江南北迅速崛起，并不断发展开来。清代，木版年画的产地已发展到二三十个，并逐步形成了"四大木版年画"。只可惜，自20世纪初期，木版年画发展式微。为此，中国民间文化遗产抢救工程将木版年画列入了整个民间文化普查的第一个专项。

木版年画题材广博，它的内容突破了门神画的单调，开始变得多种多样、丰富多彩，加上又具有多姿多彩的地域特色，是民间文化中最璀璨夺目的艺术形式。木版年画的主题日渐多元，除了早期的自然崇拜、祖先崇拜、宗教信仰等主题，还有小说戏曲、建筑风光、社会生活等方方面面。这些在本书的内容中都有一定的介绍。

本书选取了九个极具地方色彩的年画种类，分别是佛山年画、武强年画、滩头年画、滑县年画、杨柳青年画、绛州年画、凤翔年画、桃花坞年画、绵竹年画。当然，除了这九个年画产地，还有很多独具特色的年画产地，比如声名远播的河南朱仙镇、独具江南文化情韵的上海小校场、风格粗犷雄健的高密等，由于篇幅体量的限制而无法在此书中一一展开、详细介绍，只能依照笔者的理解和兴趣做出筛选，再加以描述和介绍。

本书的每一个章节都具有一件作品、一位有缘人、一门手艺、一方水土、一段历史和一袭传统六个板块，试图从不同的角度进行解读，以增加文章的趣味性。作为一种非物质文化遗产，木版年画以其独特的传统文化表现形式体现着中华民族的文化魅力，历久弥新。

木版年画的各个产地在漫长的历史进程中，形成了自己的一整套制作经验和艺术与技术的特点，也创造出一批大众喜闻乐见、经久不衰的典型的年画作品。比如，杨柳青年画的《连年有余》、绵竹填水脚的《门神》、朱仙镇的《大馗头》、桃花坞的《一团和气》、杨家埠的《深山猛虎》、武强的《六子争头》等。每一个产地的年画作品都灿若星河，本书中无法将优秀作品一一展现，只能略举一二以示欣赏。

"一件作品"里，笔者从具有代表性的作品出发，以赏析的角度来品味它的线条、色彩、艺术风格和人物塑造等特点，拉近读者和作品之间的距离，让作品不仅只是张贴在门上、家堂或灶头的一幅画，而是一个地区独特的文化魅力。佛山木版年画的门神画是极受欢迎的品类，色彩华丽、神像威严、须带飘然。而天津杨柳青的门神画色彩上没有佛山门神画那么华丽，门神形象怒目而视、咄咄逼人。而绵竹年画对趣味性有一定的追求，除了门神画外，还有非常丰富的主题，如《春官偷酒壶》《老鼠嫁女》等，都反映了四川人民对生活特有的理解方式。

"一位有缘人"里，介绍了与这门非遗文化密切相关的手艺人、传承人。木版年画流传至今已早不如往昔繁盛，这和时代的变迁也有着密切的关系。古代的先民以农耕为主，农闲、赋闲在家有足够的时间和精力经营此业。但在当下，科技信息迅速发展，很少有年轻人愿意将自己的一生投诸这门已鲜有人问津的手艺。但即便如此，仍有年轻一辈带着喜爱和热忱传承木版年画。年画女侠刘钟萍放弃月薪过万的导游工作，专注于佛山木版年画的传承。武强年画全才女画家辛艳君集绘、刻、印、裱于一身，年纪轻轻便颇有大家风范。此外，这门技艺还有世家的传承，如滑县木版年画传承人韩建峰就出生于李方屯（同盛合）老字号木版年画世家，通过对技艺的潜心雕琢，现在已然成为中华老字号同盛合年画的掌门人。在这个板块，我们看到了手艺人的坚持和传承的不易，他们也在思考如何将传统技艺与现代风尚相结合，创作出受当下人喜爱和欢迎的作品。

"一门手艺"是为读者呈现年画的制作过程和独特技艺。也许，我们不能将每一个环节都细致地呈现给读者，但笔者尽量将这门技艺的独特之处展示出来。各地的年画制作过程也许大同小异，但独特的风格之下也自有些许不同。也许是颜料的研制形成了新的色彩特点，也许是雕版的木质材料更利于着墨印刷，也许是雕刻工具讲究多样，重视细节的精雕。此处笔者不一一展开，待读者深入阅读、一步步发现吧。

"一方水土"展示了各地形成木版年画的原因。明清时期，相对形成规模的木版年画的产地大致有二三十个，分布于大江南北。是何因素促使了当地木版年画的产生和发展？又是何人为他们提供了销路？他们又是如何将年画输出、运往各地的呢？这些都离不开产地的地理位置、历史源流、独特资源和运输通道。如在绵竹的年画发展中，纸张的发展就对其有很大的助力。"一方水土"就以此为切入点，力求为大家呈现出当地的风貌。

"一段历史"其实在各个板块都有渗透，非遗文化一定离不开传统文化，一定都有自己的历史源流。无论是风格特征、手艺传承还是产地发展，都离不开历史的因素。但在这个板块，笔者尽量为大家展示某一个阶段的发展脉络，或某一个事件的本貌，以增添一些历史了解和阅读趣味。

"一袭传统"这个部分是将木版年画的地域特色和文化特征加以讨论。木版年画作为一种民间艺术并不是孤立存在的，它与其他的民间艺术相互影响。如绵竹木版年画的题材就含有很多戏剧主题，就是受当地川剧艺术的影响。杨柳青木版年画，正是因当地的年俗而生，因当地的民俗而发展，所以集中体现了当地人民群众的喜怒哀乐，极具民间文化色彩。而苏州桃花坞木版年画与苏州园林、昆曲、评弹、刺绣一样是吴文化代表作，随着清末小说的发展和局势的动荡，年画作品中小说戏曲的题材明显增多，还有很多反映清末时事的作品。这些作品在当时起到了传播资讯、增博见闻的作用，为后世则留下重温与反思历史的空间。

年画的历史源远流长，它与中国的年俗文化紧密相连，与民间百姓的需求和喜好相通，通俗又易普及，具有雅俗共赏的特点。所以，它能走进千家万户，能纵连古今，但它也饱经历史的风霜，且面临着发展的困境。传承与发展是民间文化遗产保护工作的核心，如何让木版年画融合当今人文思想，在立心铸魂、守正创新中焕发生机、展现魅力，这需要更多的有识之士关注和参与。

由于篇幅限制，无法将年画的诸多魅力详细说给诸君，亦无法全面展开和呈现年画的所有风貌。笔者只好略作讲解，望诸君可以轻松阅读，从而也能对年画产生兴趣并关注之。

目录

- 佛山年画 ········ 001
- 武强年画 ········ 023
- 滩头年画 ········ 049
- 滑县年画 ········ 079
- 杨柳青年画 ······ 101
- 绵竹年画 ········ 131
- 凤翔年画 ········ 157
- 桃花坞年画 ······ 183
- 绛州年画 ········ 207

佛山冯氏世家木版年画

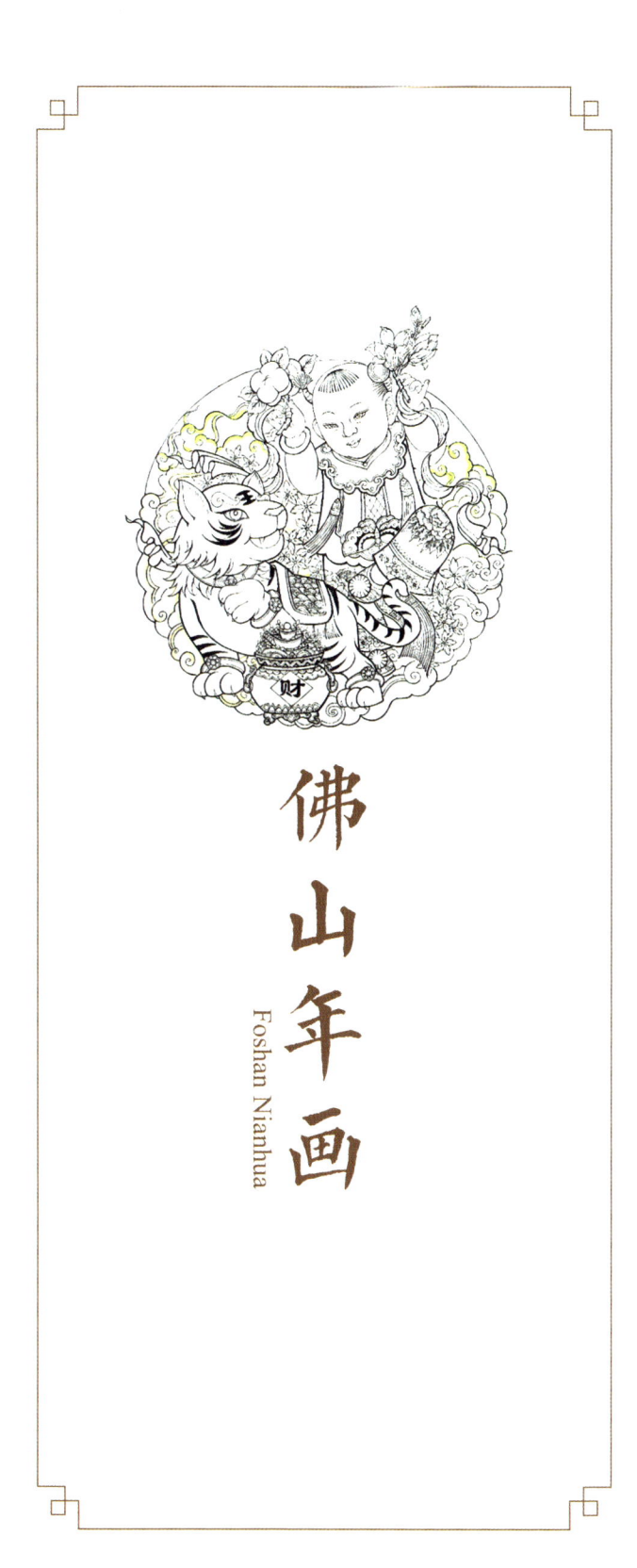

佛山年画
Foshan Nianhua

一件作品

《辞海》记载:"佛山木版年画是我国民间年画之一,是华南地区有名的民间木版年画,因在广东佛山镇生产而得名。"佛山年画的历史并不长,但其源头却古老而遥远。

这两幅年画是佛山道教门神画,一左一右分别为青龙、白虎两大神兽。它们与朱雀、玄武合为我国古代神话传说中的四大神兽。在道教传说中,青龙为东方之神,白虎为西方之神,一主凶,一主吉。青龙、白虎两大神兽神态威武、长须飘飘、色彩华丽,这两幅年画是佛山木版年画中的精品。

《青龙 白虎》

青龙孟章神君,白虎监兵神君,是道观山门两大神,也是道教信徒家中常见的门神画。青龙白虎掌四方,意思是祈福保安,守护四方。在民间,老百姓通过在大门上张贴门神画的方式来镇压邪祟、祈求平安。

佛山木版年画的特点

最先出现门神画和岁时风俗画

佛山木版年画中最先出现的就是门神画和岁时风俗画，这两种年画有一套约定俗成的规范。其中门神画占有一定的比例，对工艺技术要求较高。而生活用品、民间祭祀用品，以及民俗用品画的市场需求量十分庞大，但对工艺技术要求，则相对简单。

随着印刷技术的发展，木版印刷的门神画和神像画比画师手绘的门神画和神像画生产快、产量多、价格廉，很快便成了家家争相张贴和供奉的必需之物，以至于出现了"十里同风"的民俗现象。而佛山木版年画中的仙、佛、神像也早已人格化、世俗化，使人耳目一新。

《关帝》

《财神》

《洪圣大王》

佛山年画

◉ **源于年俗，构图饱满**

　　佛山木版年画并不完全等同于年画，木版年画的艺术特性，来源于年俗的特定要求。佛山木版年画的画面饱满、内容红火，画里的人物健硕丰腴，所有的器物完美无缺，象征着生活的幸福吉祥。画面中还有大量的吉祥图案，比如喜庆的动物、花卉、瓜果、物品、暗八仙以及紫气祥云等。

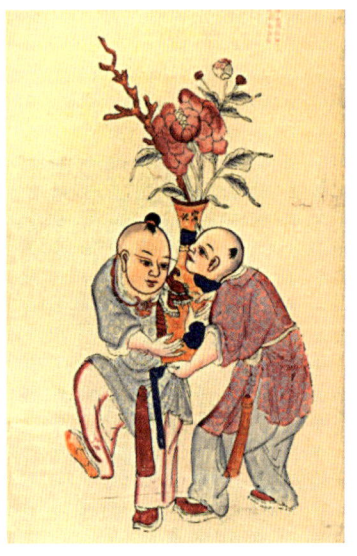

《佛山醒狮》

《进宝平安》

手工艺人的高明之处，就是利用装饰的手法将大量的吉祥图案和谐优美地组合在一起。于是，欢乐、祥瑞、红火、饱满、极具装饰性的图案，就成为年画最突出的特征，形成了极具感染力的年画美。

"半幅生绡大年画，一联新句少游诗。"从陆游的诗中可以体会到人们在辞旧岁、迎新年时，用张贴红火年画的方式来表达人们对幸福生活的祈愿。

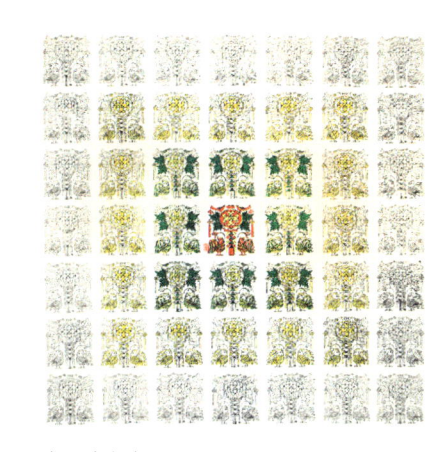

年画多色套印

◎ 艺术造型简练，融合民间艺术手法，极具地方特色

佛山木版年画的艺术造型主要由线条和色块组成，平面铺设，免去立体表现。使用两三种饱和颜色，免去中间色调，形象简练，极具地方特色。在表现手法上，善于结合当地的风俗民情，具有浓郁的地方风格。

另一方面，佛山木版年画中的岁时风俗画，在取材上注重选择富有当地特色的人物、服饰、景物等形象来刻画，并与本地的陶塑、木雕、剪纸等民间艺术的表现手法相通。特别是在人物头像的塑造上，普遍注重对南方人物形象特征的刻画，甚至采用了夸大比例的方法，这样既强调了人物的性格特征，也为表现南方人物形象而更具地域特征。

《凤凰戏牡丹》

《花鸟》

❀ 色彩单纯绚丽，装饰性强

　　佛山木版年画的色彩单纯、强烈而鲜艳，普遍使用黑、黄、红、绿四种纯色，对比强烈而鲜艳夺目。尤其是门神画惯用本地特产的银朱做底色，既协调和扩大了画面的色彩效果，也进一步提高了色彩的鲜艳度。使之与色彩比较灰暗的南方建筑物，以及色彩比较葱翠的背景空间组成的自然环境，形成了鲜明的对比，给人们产生吉祥、热闹、喜庆的感觉和强烈的视觉效果。这种被誉为"万年红"的独特用色，是佛山木版年画独有的地域特征。

　　佛山木版画的装饰华丽，惯用金、银、石绿等亮丽的颜色描线勾花，并通过大面积精巧细致的花纹图案点缀和修饰物象。一方面，使画中内容更充实，形象更生动；另一方面，银光闪烁、金碧辉煌的装饰使画面显得更具艺术感染力。

《天姬送子》

《佛山秋色》

一位有缘人

◉ **唯一熟悉整套工艺流程的民间工艺美术家**

2007年广东省调查木版年画现状时，发现完整传承这门传统工艺的，就只剩下冯氏一家了。有着一百多年历史的冯家老铺由"门神均"冯均创立，在民国时期已经是佛山木版年画的代表。

冯炳棠是冯均的儿子，冯氏木版年画的第三代传人，首批国家级非遗继承人。通过不断的学习和钻研，他掌握了雕版、印制、工笔、开相、描金、写花、填丹等年画制作的整套工艺流程。

冯炳棠与徒弟刘钟萍在研究年画创作

冯炳棠曾在采访中说道,"单是雕版要五六年才能出师,至于面部开相、写花这类工笔功夫,要看个人悟性。我做了65年,也就最近几年才越画越靓。"由此可见,这门传统工艺技艺之复杂、程序之繁复、成才之艰辛。

作为民间手艺人的冯炳棠先生在2004年4月被授予"民间工艺美术家"称号,2007年入选"中国民间文化杰出传承人"。他刻绘的年画《梅花童子》获得第六届中国民间文艺山花奖、民间工艺银奖。

❀ 年画女侠——职业导游与冯氏木版年画的不解之缘

在广东佛山地区,有一位专注佛山木版年画的年轻女孩,名叫刘钟萍。她曾是一名月薪过万的导游。那一年,刘钟萍得知冯氏木版年画百年老店在招聘讲解员,她果断去应聘了。

刘钟萍正在雕版

基于对年画的痴迷，刘钟萍在做讲解员的空余，会主动跟着国家级非遗传承人冯炳棠学习木版年画的技艺。这些繁杂、枯燥的工作非但没有"吓跑"刘钟萍，反而让她乐在其中。她常常主动请缨去帮忙，忙完后就静静地站在旁边"偷师学艺"。日积月累，刘钟萍的技艺突飞猛进。

刘钟萍在清华大学非遗研修班研修时，进一步了解了当前非遗传承发展的新方向和新方式。她暗下决心，一定要找到传统技艺与现代文化融合的方式。她通过不断创新，让年画以一种既传统经典，又潮流的面貌展示给现在的年轻人。于是，就有了《一个亿小目标的财神》《逢考必过》《二胎神器》等年画的相继出现。为了更好地传承，刘钟萍还开了"解忧年画铺"微信公众号。

刘钟萍创作的年画及雕版

刘钟萍用年轻人的方式和语言，为佛山年画注入了新的活力，还为传统的神像年画重新打开了销路。另外，她还与清华大学美术学院原博老师合作生肖新年画，她们准备用12年的时间，完成十二生肖年画的设计。目前，鼠年的生肖年画已经完成。

佛山年画　　009

年画与雕版

  2018年12月，刘钟萍成功入选2018"中国非遗年度人物"。取得成绩后的她并没有骄傲，而仍能踏踏实实地做着手艺。

  现在，她作为佛山木版年画市级非遗传承人，平时经常外出讲解、授课，因此颇有行走江湖的味道，她有个外号——年画女侠。虽然不会功夫，但刘钟萍希望自己能做一位恢复这门古老的非遗艺术的"女侠"。

年画创作

为年画上色

佛山年画　011

一门手艺

佛山木版年画的生产是一种典型的手工艺,这种传统的手工艺流程一般分为起稿、雕版、印墨、套色、填丹、飞边等工序。档次高的木版年画,还需经过开相、勾花和装裱等工序。

制作雕版

木版单色画

根据木版年画本身用途、要求档次的不同，需要调整工艺流程的精粗繁简。而工艺流程的精粗繁简，又会直接影响作品的不同效果，形成不同类别。如果从制作工艺上划分，佛山木版年画一般可分为木版单色画、木板套印画、木版套印加手绘画、木版印线加手绘画四种。

制作过程中使用的工具也很有讲究，刀刃具、纸夹、定位卡、棕扫、毛笔、工作台椅、晾干棚和竹竿、盛放颜料的器皿等都是很主要的工具。

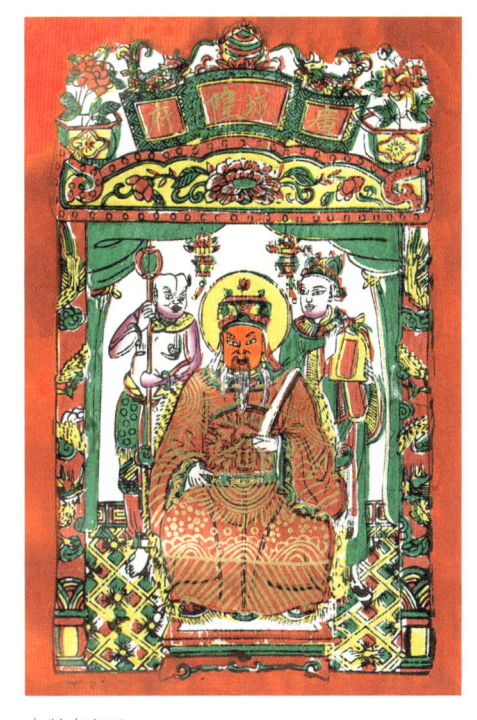

木版套印画

制作木板年画需要使用多种工具

佛山年画　　013

佛山木版年画最独特的技艺当属"万年红"银朱染涂工艺，它吸收了剪纸、铜凿、金花、金漆木雕等传统民间工艺的精髓，以红、绿、黄、黑四色木版套印，技艺上增添工笔绘彩、勾金画银的手法，使画面更显细腻生动、富丽堂皇、熠熠生辉。

这些工艺流程和独特的工艺技艺是几百年来佛山木版年画历史发展的重要组成部分，也是佛山的一份珍贵的非物质文化遗产。

刘钟萍在创作年画

一方水土

❂ 佛山木版年画为何在历史上如此辉煌

佛山曾为中国明清时代的四大名镇之一，民间艺术资源丰富。佛山木版年画在历史上极其辉煌，它既是一种工艺，又是一个民俗事象。在明末清初，佛山木版年画就已经发展为一个极其兴旺发达的产业，其产品不但畅销中国南方诸省，而且还远销到以东南亚为主的亚洲及欧洲各国。佛山木版年画随着华人的漂洋过海也走向了世界。

那么，佛山木版年画为何能在历史上如此辉煌呢？这和佛山的优越地理和历史文化源流都息息相关。

❂ 地理位置优渥，物产丰饶

佛山地处珠江三角洲腹地，东倚广州，毗邻深圳、香港、澳门，是粤港澳大湾区重要节点城市、珠三角地区西翼经贸中心和综合交通枢纽，与广州共同构成"广佛都市圈"和粤港澳大湾区三大极点之一。

佛山在历史上是中国"天下四聚"、四大名镇之一，如今发展为中国先进制造业基地，创造出其独特的佛山模式，并使佛山制造享誉海内外。

❀ 手工业发达，宗教传播盛行

佛山以手工业发达而著称海内外。技艺精湛的民间艺术历史悠久，源于唐宋，盛于明清，具有浓郁地方特色。

唐代时，佛山的手工业已相当发达，陶瓷、冶铁、丝织等行业设苑作坊，开始商品化生产。佛教、道教的传播随着经济的发展十分活跃，拜佛诵经之风盛行，寺院庙堂成为民俗文化依托之场所。佛山人对神佛的崇敬传习成俗，民间节令和喜庆日子，祭祀神明、贴门神、挂春联等趋向旺盛红火。

《威武门神》

到了宋朝，佛山经济迅猛发展，手工业产品和加工的农副产品大量销往岭南以及南洋各地，又把外地的生产资料源源不断地运返佛山进行开发性的加工。此时对外贸易的发展，进一步促进了佛山手工业和商业的繁荣发展。

❀ 百姓南迁，中原文化传入

早在宋末元初，由于常年战乱，中原百姓多次举家南迁。大批移民迁入发展中的佛山，佛山也因此人口骤增，成了"民庐栉比，屋瓦鳞次"的中心集镇。南迁百姓的迁入还带来了先进的生产方式、工艺技术和商贸运作的方式，使得佛山逐渐从农耕村落发展成手工业和商农并重的墟镇，促进了经济、文化的发展和繁荣。

与此同时，大量中原的戏曲杂剧、传奇小说等文化艺术传到岭南，活版印刷和木版年画的技术也传入佛山。这就为木版年画在佛山的发展提供了文化和技术的双重可能。

《和合二仙》

❀ 民俗活动频繁，孕育着佛山木版年画的产生

佛山历来宗教盛行，各种信仰互相包容，是"满天神佛"的地方。手工业、商业祈求行业祖师的保佑，期待"一本万利"；水上运输业祈求"一帆风顺"和"财通四海"；农民祈盼"风调雨顺"和"五谷丰登"。各行各业的民间信仰通过木版印制才能满足民间的需求。民俗活动的频繁活跃，孕育着佛山木版年画产生的因素。

《禾花童子》

据《佛山忠义乡志》记载："越人尚鬼，而佛山为甚。今不示之以节，更铺张其事，得无谬于坊民范俗之旨欤。"

明嘉靖《广东通志》也有记载：北宋宣和年间，广东南（海）、番（禺）、顺（德）一带，各种节庆、神诞和庙会等民俗活动已经十分盛行。其中"岁尽之日，净庭户，换门神，挂钟馗，钉桃符，贴春联，祭祀祖宗"已是"大户小家共守度岁之俗"。

门神、桃符、春联等民间习俗，也显示了佛山木版年画的共生现象和历史背景。

一段历史

佛山木版年画源远流长。据《广东文物》描述"前门刻有神荼郁垒，高与檐齐"，证明在汉代时的广州、佛山一带已流行贴门神的习俗。佛山木版年画生产以清乾隆、嘉庆至抗日战争前为盛，属于地方民俗的一种民间工艺美术品。

南宋到元末，全国饱经战乱之后，及至明永乐年间，佛山已成为集农业、手工业和商业于一体的岭南经济中心。充足的劳动力、丰饶的农副物产、雄厚的资本积累、精湛的工艺技术，再加上异彩纷呈的民间文化艺术，使佛山社会跃上了一个新的发展阶段。

在陶瓷、纺织、铸造、染纸等龙头产业的带动下，木版年画等一大批具有强烈地方特色的民间手工艺顺势拓展。嘉靖年间，佛山木版年画以其广受欢迎的艺术特色和普遍需求的商业价值，行销岭南各地。

《紫微正照》

《辞海》中记载："佛山木版年画是华南地区著名的民间木版年画，因在广东佛山镇（今佛山市）生产而得名。于明清时期至抗日战争前为盛，行销于南洋各地。有原画、木版印及木印工笔三种，大多是门画，线条刚劲粗放、简练，用色多大红、橘红、黄、绿等，有地方特色。"

不同颜色的印版

佛山年画　　019

一袭传统

木版年画是中国一种古老的民间艺术，佛山木版年画，创始于宋代，成熟在元，而普及于明，延绵700年的历史，与天津杨柳青、苏州桃花坞、山东潍坊的年画齐名。受岭南传统文化影响，佛山木版年画也融入了当地人的审美情趣和生活习惯，带有独特的历史记忆和地方特色。

佛山木版年画已经被列入"民间文化遗产抢救工程"的首批重点项目，因为历史已经证明它在佛山民间文化中是最有代表性的一种传统艺术，也是当前极度濒危的一种民间手工艺。

木版年画套印工艺

平民百姓是佛山木版年画生存的土壤，它的服务对象和宗旨始终对着平民百姓，所以它的地域特征始终保持平民化、世俗化和商品化。只有选择以世俗常态的现实生活需求作为目的，使用平实率真的审美情调、通俗畅晓的表达方式去迎合平民百姓的需要，才能保持佛山木版年画旺盛的生命力。

传承了数百年的佛山木版年画，曾经影响的时空是广泛而深远的，它储存了佛山人民过往的生活信息和思想意识，忠实地记录了佛山变迁的沧桑历史，是佛山优秀的历史文化遗产。其中很多艺术形象风靡了数百年，已成为中国民间文化最耀眼、最迷人的符号。

"文以载道，画可证史"，如果忘记了佛山木版年画的历史，那么佛山将会丧失一段曾经涉及千家万户的城市记忆，佛山的历史文化将会显得苍白。佛山木版年画也是佛山这座历史文化名城的珍贵史料，真正唤起社会对木版年画的珍惜，唤醒木版年画文化发展的自觉，使它作为一种文化血脉，一种文化生命，"与时俱进"地传承下去，才能将它作为城市个性、城市文化和城市精神的特色品牌不断发扬光大。

快速发展中的历史文化名城——佛山

祝壽圖

歲次甲申年春月康英勤 作於武強

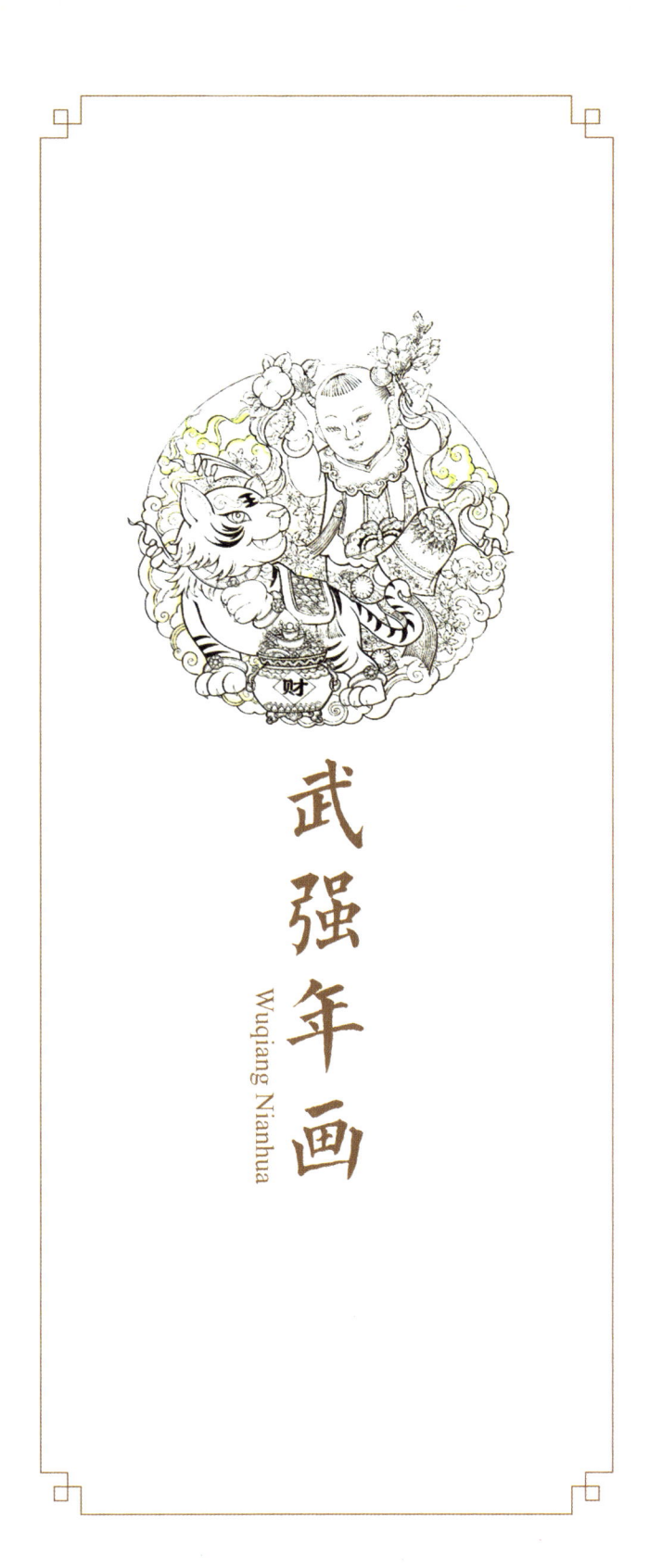

武强年画
Wuqiang Nianhua

一件作品

　　武强年画是河北省历史悠久的传统民俗艺术，因产地在河北武强而得名。这幅《老鼠娶亲》年画源于中国民间传说"老鼠娶亲"，刻画了一幅热闹的迎亲场面：十几只老鼠神态各异，老鼠新娘头戴鲜花，身穿嫁衣，羞羞答答地端坐在大红花轿中。前有开道，后有抬轿，打灯的、举旗的、高举火把的、敲锣打鼓吹号的，一群老鼠前呼后拥，欢天喜地。

　　新郎官呈人形，骑着坐骑扬鞭在前。然而，画面左下角大猫的出现却格外引人关注。老鼠娶亲倒了运，遇见猫儿一口吞。

《老鼠娶亲》

《渭水访贤》

"人生大剧场，剧场小天地"，年画这个小小的天地，在农家居室的墙壁上所占面积最大。还有幽默讽刺、童话寓言性质的年画，这幅《老鼠娶亲》就是其中的一幅代表作品。而那些半耕半读人家贴的年画就多一些"文气"，如典故趣闻、琴棋书画、孔孟之道的诗书礼仪之类。

此外，还有以天下大事、南北趣闻、新鲜事物、山水名胜等为题材的年画，最有地方特色的是大横披年画《赵州桥》，让人一看就想起了河北民歌《小放牛》及那个充满浪漫色彩的八仙过桥各显身手的美妙传说。

武强年画是在农耕社会基础上根据民俗、民情、人民生活的需要产生的一种民间艺术。它题材广泛、内容丰富、形式多样，经多代艺人的发展创作，逐步形成了自身的艺术风格。

武强年画的特点

线条粗犷　阴阳兼施

在用线方面，武强雕版的多种线型中，以大刀阔斧、粗犷劲健为主要特征。

阳刻为主，兼施阴刻，运用黑白对比的表现方法，使刀味木味的自然效果得以发挥；刚中有柔，柔中带刚，同时又阴阳调和、互补，呈现出古朴稚拙的传统风格。

　　以《孟浩然踏雪寻梅》为例，用黑天衬出雪地，又在黑天上用阴刻透出白字，如天空中飞舞的雪花，黑与白互补，相互凸显，真是妙在自然。同时，他的用线劲健，刀法豪放，木刻却有着石刻雕琢的金石余韵。粗中有细，拙中见巧，是武强版画艺术的典范之作。

《孟浩然踏雪寻梅》

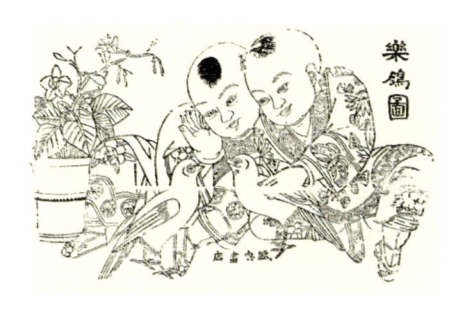

《乐鸽图》 　　　　　　　　　《连年有余多吉庆》

色彩鲜明　对比强烈

色彩单纯、浓艳鲜明是武强年画的第二大特征，黑白对比，红黄蓝三原色的配合运用，是其设色的基础。"色要少，还要好，看你用的巧不巧"，这是用色的简要口诀。由于受工艺和原材料及价格的制约，年画的用色不得不尽量地省工、省料，高度提炼概括，但同时又必须符合广大群众的色彩观念。

红黄蓝白黑，五色配五行，相克又相生。武强年画的用色不局限于随类敷彩，而是根据题材内容和民族传统对色彩的感情，具体应用。

所谓"巧"就是掌握用色的规律和变化。

白黄红蓝黑，如同五线谱的音符一样，可以根据主题的需要演奏出多种情调。施色套印，在有限的色版内力求套印出丰富斑斓的色彩效果。

"墨是骨头色是肉，上到不薄也不厚"，用色要掌握分寸和浓度，或以深浅浓淡；或以近似色的排列；或以反差强烈色的对比，使之鲜明又和谐。硬色软色刚柔相济，形成单纯明快、红火热闹的旋律，演奏出欢乐喜庆、生动活泼的情调，如黄色的老虎、绿色的狮子、鲜艳的大红花……

《四郎探母》

❀ 造型夸张　重点突出

武强年画所刻画的形象是从人们喜闻乐见的形式出发，以自然形态为基础，夸张变形，突出要点。

在人物造型方面，注重表现不同人物的身份、品格和气质，特别注重对人物头脸的描绘，尤其注重眉眼的刻画。如面如赤枣的《关公》——"眼观十万里，日赴九千坛"。

又如狮子的造型，古朴、生动，像石刻的狮子，又像河北舞蹈的狮子；看起来是狮子，但又不是自然形态的狮子。画诀有云"十斤狮子九斤头"，大耳环睛，威而不狞，娇憨可爱。

正如成书于春秋末期的一部手工业技术文献《考工记》中所描述的，"必深其爪，出其目，作其鳞之而，则于视必拨尔而怒"。不论是凶猛的虎豹，还是轻盈的飞禽，都应深雕脚爪，突出眼睛，振起鳞片和羽毛，强化"拨尔怒"的慑人气势。正是这种刚健激越的审美意蕴贯彻在武强年画的创作之中，才体现出生机勃勃、精神振作的生动形态。

《文武财神献宝》

❀ 构图饱满　装饰性强

武强年画讲究完整对称，给人一种丰满充实的美感。很少有像文

《雀鹿蜂猴》

《关公》

《四季平安　吉祥如意》

《鞭锏门神》

人画那样"虚空寂静"，留有大块空白的构图。农民大众追求红火热闹、满满当当，盼望五谷丰登、六畜兴旺的心理取向，从而注定了作为节俗装饰的年画构图必须饱满。

均衡对称，两两相对的格式，是武强年画设计的取向，如对狮、对虎、对花瓶、对门神等，都是成双成对。这不仅是在工艺上便于印刷，也是民族审美观念的反映。

《戳锤门神》

《四季平安门对》

❀ 象征寓意　喜庆吉利

武强年画的又一突出特点是将自然美好的事物与吉利的语音语义结合起来，体现美好的愿望，象征吉祥。武强年画综合视觉象征、听觉象征和性质象征来表现主题，一幅画至少有一个象征，其中的含义往往是用许多语言都无法表达出来的。它既能给人带来审美的愉悦，又能表现良好的祝愿。

如《祝寿图》《蝶》《牡丹图》，题为"耄耋富贵"。七十为耄，八十为耋。猫与耄谐音，蝶与耋谐音，牡丹象征富贵，谐音取义，结成吉祥的语言，用视觉的形象和听觉的声音表达美好的愿望和主题。又如一幅佛手、桃、石榴组合成的《鲜果图》，喻为"三多"（多子、多福、多寿）等，诸如此类。

《祝寿图》

❀ 文画交融　相辅相成

花鸟字就是其中的一个类型，如"父子协力山成玉，兄弟同心土变金"用喜鹊和梅花组成，借喻"喜上梅（眉）梢"的美意。这种花鸟字年画有的形意相关，借形表意，有的集古敛今，书画一体，巧妙结缘，丰富多彩，变化万千。

另一种类型是图文互动。如《俏皮话》，把俚语乡词用形象的画面表达出来，生动、诙谐，反映生活、用于生活、图文互动、有机结合、耐人寻味。如《猪

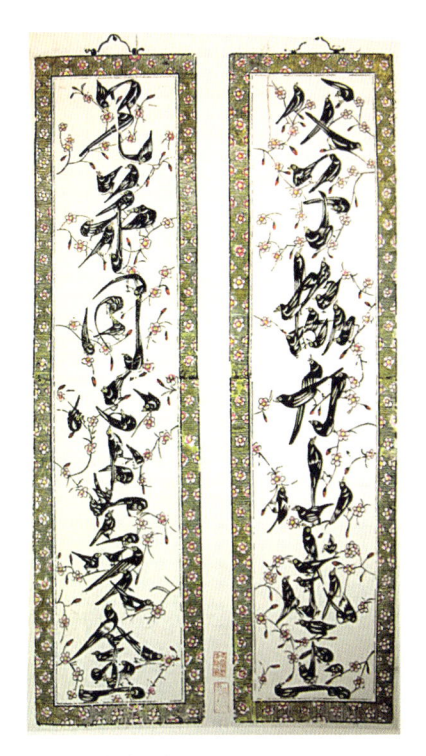

《花鸟组字对联》

《洗砚图》

八戒照镜子》——"里外不是人";《抬着食盒吹拉八（喇叭）》——"有礼（理）又中听"……把生活中的事理幽默有趣地用"画"画出来，用"话"说出来。

另一种类型是图文并茂，各行其道。如灯谜画纸，观灯、猜谜、看戏出、赏故事，将文学和图画结伴"并蒂"，别有一番情趣。有的浅显，有的深奥，内容不同，形式各异。

❀ 造型奇特　讽刺幽默

通过奇异的造型和情节表现生活中的哲理，规范行为、讽刺幽默，敢于向不良的社会现象作斗争，率先创造了被称为"漫画"的战斗武器。

如"杠箱官"也称"杠县官"，是当地民间的一种游艺节目。二人抬的单杠上坐着一个丑官，插科打趣逗人发笑，在一年一度的春节中可以律官正民。武强年画《杠箱官》则把县官画成了一只身着清代官服的猴子，其下属衙役也是猴子，打着"禁

《童子》 《鸡鸣图》

《杠箱官》

烟"（鸦片烟）的旗号，演出一场耍猴的闹剧。

表现最多的是另一部作品《俏皮话》，以形象的画面表现一则一则的"歇后语"，生动活泼，讽刺、幽默、含蓄，多是乡言俚语，散发着浓郁的乡土气息，让人回味无穷。

通俗易懂　面向大众

"悦妇孺，其事至鄙浅"，这是清光绪年间编修的《深州风土记》中，对武强年画的品评，反映了编者的观点，虽多含贬义，然而却说明了它的通俗易懂，就连没有上过学的妇女儿童都喜欢。

日本著名儿童作家松谷美代子看过武强年画的展览后说："这些年画，不仅成年人欢迎，儿童也会高兴。它有故事，有形象，令人想得很多很远，很神秘，是对儿童教育最好的素材。"

新木刻与武强年画的嫁接之所以形成"美术运动上的一个创举"，就是借助了武强年画"大众化"的特点，从而面向人民大众，发挥了强有力的战斗作用。

《喜庆图》　　《繁荣昌盛》

一位有缘人

◎ **集绘刻印裱于一身，武强年画全才女画家**

辛艳君是一位很有名气的武强年画女画家，在她身上有着许多光环——集绘、刻、印、裱于一身的武强木版年画全才传承人、网络营销武强年画领军人、衡水市人大代表、河北省民间工艺美术家、河北省燕赵文化之星、天津杨柳青汇文斋画社特聘画师、中国民间文艺家协会会员，等等。

但对于辛艳君来说，她最喜欢的美誉还是第一个：集绘、刻、印、裱于一身的武强木版年画全才传承人。她说，作为武强人，能够将祖先流传下来的传统文化和技艺传承下去，是一件非常有意义的事情。

辛艳君正在创作年画

辛艳君不仅掌握了选纸调色以及均匀适中干净利落的印制手法，在刻版上，也能做到刀法娴熟、技艺精湛，在制作过程中，使她对武强年画的创新创作也有了深刻的感悟和理解。

她擅长花鸟题材，她手下的仙鹤、燕鹊、猫虎、蝙蝠等都活灵活现、栩栩如生，显现出祥禽瑞兽特有的灵气和生动。2010年她创作的《当朝一品》大老虎获得武强新年画创作展览一等奖，并被武强年画博物馆收藏。

《花开富贵》

同时,她又喜欢古典风格,创作的《金玉满堂》《花开富贵》《四季如意》等都古香古色,尽显传统。

她于2021年重阳节创作的《步步高升——博古花瓶》,瓶体以清丽的蓝色为主调,瓶里插满红色、黄色和粉色的艳丽的大朵菊花。瓶下有芬芳馥郁的菊花酒、新鲜欲滴的长寿仙桃、多子多福的葡萄和开口笑的石榴,还有层层叠叠寓意着步步登高的吉祥发糕,巧妙地体现了重阳节登高、赏菊、怀旧、敬老的丰富文化内涵。

《步步高升——博古花瓶》

她还喜欢描绘传统市井生活。她笔下的《士农工商渔樵耕读》组画，以散点透视构图方法，将繁杂的景物纳入统一而富于变化的画面中。众多人物，衣着不同，神态、动态各异，其间还穿插了渔、樵、耕、读、士、农、工、商各界人士的活动，描绘的十分生动形象、具体入微，使观者如身临其境，反映了农耕社会各阶层生活和物质精神文明的广阔性及多样性。

多年来，辛艳君与北京、上海、天津、重庆、山东、香港、台湾、天津杨柳青画社、山东潍坊画社、山西新绛等多地多个机构成功合作，绘制、刻印、创作了大批的木版年画作品，受到了很高的评价，也进一步将传统文化的社会效益转化为可观的经济效益。

《士农工商渔樵耕读》

一门手艺

　　武强年画的制作工艺，经历了漫长的历史演变过程。最早是全部以手工描绘的"生笔画"，因产量小，价格高，难以普及。后来发展为以定型样稿为底本，把透明白纸覆在上面，一张一张地照样描绘，叫作"过稿活"。这种工艺生产的年画数量也不能满足节日的需求。为加快生产，将墨线稿刻成版，成批印刷，然后施色敷彩。如人物画，先刻印墨线版，再用手工一张一张地开脸、点唇、烘相子（染面颊）、描眉眼，即半印半画。随着年画的广泛发行，制作工艺逐步发展为全部木版彩色套印，形成了绘、刻、印、裱等专业分工，即制作的四道工序，沿袭至今。

《全天神》

　　武强年画与古代非常流行的"剪彩"有一定的亲缘关系。

　　唐人李商隐在《人日即事》诗中有云："镂金作胜传荆俗，剪彩为人起晋风。"武强在春秋时属晋邑，魏晋南北朝时相继属北魏、东魏、北齐。齐俗中正月初七为"七元节"，也叫"人日"。

　　传说天地造人，这一天是人的生日。每逢这一天，古人都要把五彩的丝织物或金属箔剪或刻成人形，挂在床帐上、戴在妇女的鬓角上，叫作"人胜"，又称"春胜"，用以祝福人类繁衍昌盛。

武强镂刻的吊笺和窗花就是由这种工艺演变而来的，很早就形成了批量生产，并一直延续下来，如礼花、喜花、门窗、院落、神庙、佛龛等处的吊笺等，多是沿用剪刻而成。

从剪纸到木刻印刷，中间还经历了一个石刻拓印的过程。武强的石刻艺人在历史上曾形成过一个群体，其中有一部分石刻艺人转操木刻，或兼作木刻，因此促进了木版年画的批量生产。

为了生存，武强画业不得不在生产方式上进行创新和改革。新义成画店首先引进石版印刷机，各家相互竞争，你追我赶，相继有德隆、双兴顺、永正斋、义兴成等画店，也引进了石版印刷机。因受当地条件所限，没有电力，就改用畜力和手工操作，有的石印与木刻相结合，而且使用的颜料也试改水彩为石墨，厚重饱和，别有一种风格。

《童子聚宝门对》

《狐狸缘》

一方水土

武强县位于河北省东南部，隶属于河北省衡水市。在中国地理上为黄河流域的中原地带，一年四季分明，气候温和。武强县，早在明、清时期就是久负盛名的民间年画艺术之乡，是我国重要的民间年画产地。

武强县古属冀州，冀州居九州之中，是中华文明发源地之一。早在5000多年前，黄帝、炎帝和蚩尤就在河北由征战到融合，"千古文明开涿鹿"，在冀州的涿鹿首建了黄帝城，即涿鹿故城，亦称轩辕城，故址在今河北省涿鹿县矾山镇三堡村。

武强县位于冀中，明显的地域优势提供了得天独厚的多种条件。

❀ "地瘠民贫"的兵家必争之地

冀中曾是辽宋分野，燕赵的古战场，一向是兵家必争之地。就地理环境、

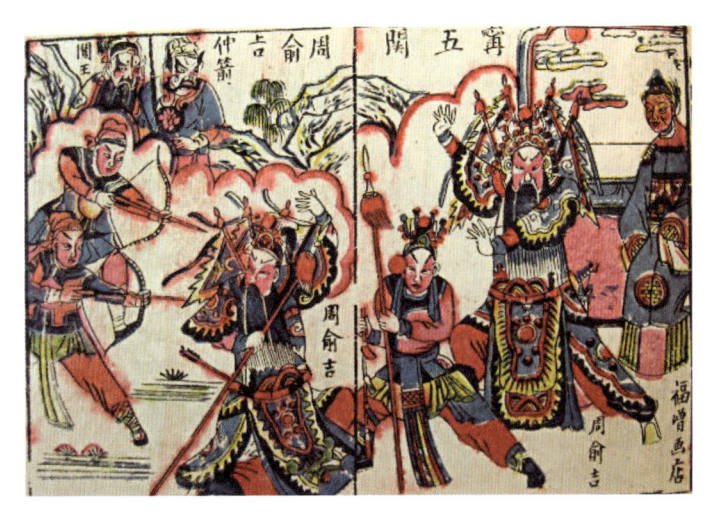

《宁武关周遇吉中箭》

自然条件而论，武强县却是个地瘠民贫、只靠农业、不能维持生活的穷地方。

据《深州风土记》载："武强地瘠民贫，物力稍绌，民往往画古今人物，刻板杂印五色纸，入市鬻售，悦妇孺……"武强年画在明朝永乐年间形成规模，在清康熙至嘉庆年间达到鼎盛。

在自然条件极其恶劣的环境下生存下来的武强人，把人世间的生活百态和喜怒哀乐搬上画面，耀眼夺目的武强年画便成为这块贫瘠的土地上生长出的文化奇葩。

《南天门灶》

❀ 得天独厚的人文背景

冀中与中国正统思想儒家学说的创建、流播有着深厚渊源，与武强县比邻的献县，其得名是从汉代河间"献王"之称谓而来。

西汉儒学大师董仲舒乃生于武强邻近县的景县广川镇。他倡导"罢黜百家，独尊儒术"。自汉武帝以后，儒家思想成为中国的正统思想。

随着社会的发展和文化交流，外来佛教的盛行、本土道教的争胜及民间杂神的信奉，武强年画的题材内容更加丰富，流传范围也更加广泛。

《增福财神》

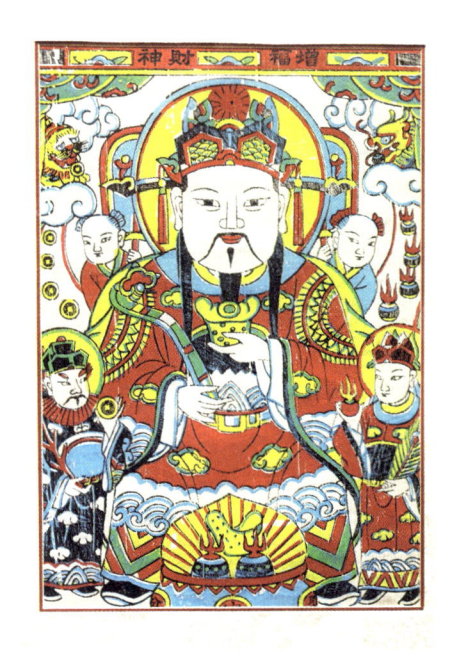

武强年画与本地古老的剪纸、石刻、节日习俗、自然崇拜、儒学教化、宗教信仰等,也有着密不可分的联系。

✣ 技术发展推动当地年画产业的发展

随着木刻印刷术的开拓和兴盛,原来的剪刻镂空工艺也被木版雕刻彩色套印所代替了。年画需求的大量增加,如套印的窗花就成为有别于剪刻窗花的一个独具特色的品种。

雕版印刷术发展到宋元时期,已经进入到一个历史的新阶段。据考证,宋徽宗年间雕版印刷工艺就已日益兴盛,大观二年(1108)被水淹没的巨鹿城址,曾出土不少版画雕版,现已发现的就有罗汉像、仕女立像雕版和蚕姑像雕版、免三灾真言雕版等。在当时民间雕印版画并不繁盛的巨鹿县城,竟出土如此众多内容的版画,因此可以推测北宋晚期版画工艺就已达到较为普遍发展的程度。

✣ 移民带来艺术回归景观

由于长期战乱的影响,中原地区遭受破坏极其严重,人口数量锐减。为了使中原的农业得到恢复和发展,明成祖朱棣在1404年大规模向中原移民,这些移民来到武强,并带来了雕版印刷工艺,促进了武强年画的发展。据年画世家范氏族谱记载,其先祖范英龙"经画务",从洪洞移居而来,在原武强县城南关经营东大兴老画店。

按《金史》记载,金代山西平阳始终是一个雕版中心,洪洞属平阳辖区。

《连年有余》

雕印工艺随移民到武强，其产品又大量返销山西，构成年画艺术回归景观，这是武强年画壮大的又一个原因。

❁ 画店兴盛，作坊林立

据考证，清初规模较大的画店有天玉和、万兴恒、宁泰、泰兴，号称"四大家"。而遍布乡间的画业作坊大小不一，其数无计，形成了全县的支柱产业。

清代中叶相继兴盛起来的画店有祥顺、德隆、东大兴、义盛昌、新义成、吉庆斋、同兴、大复（福）兴，号称"八大家"。据不完全统计，当时全县有108个村庄有人数不等的操画业者，60多个村庄具有一定规模的作坊，可谓"家家点染，户户丹青"。尤其在农闲时节，全家老少齐上阵，老手、熟手负责主要环节和关键部位。每一张耀眼的年画，都出自一户户通力合作的作坊。

到了晚清，在南关开业有字号可考的画店尚有144家。因兴衰起落，这时最兴盛的是双兴顺、正兴和、乾兴、福兴德、德义祥、德胜祥，和从前老八家中的同兴、新义成，号称"新八家"，在外地设有180多处分店或批发庄点。南关作为集散中心，设有"画业公议会"，新义成掌柜（老板）王访臣、吉庆斋掌柜李强斋为会长，协调画业事宜，统一熬制颜色。

一段历史

武强年画大约产生于宋元时期，明初已具规模，发展到清代康熙、嘉庆年间（1662—1820）更为兴盛。当时全县大部分村庄有画业经营，并集中到当时县城的南关，使南关成为当时我国北方最大的画业中心之一，店铺林立，车水马龙，一派繁荣景象。民间流行歌谣颂扬当时的胜景说：

山东六府半边天，不如四川半个川。
都说天津人马厚，赶不上武强一南关。
每天唱上千台戏，找不到戏台在哪边。

虽系夸张之词，但由此也可以领略当年画业在武强之盛况。

因兴衰起落，社会变革，直到清道光二十年（1840）以后，武强年画印制改用进口的机制"粉连纸"和化学"品色"，"品色"多是用德国礼和洋行的产品，质量、风格也为之一变。因为颜色光艳透明，水灵新鲜，纸面光洁，白度

《繁荣昌盛》

高、克重小，施色简便，用开水一泼即可使用，不需熬制，所以又叫"泼色"。这种方法用工少，成本更为低廉，适应了广大农民的经济条件，由此才形成了武强年画业繁荣昌盛的又一次新局面。

据晋察冀边区文协田零先生写的考察文章《武强年画业恢复初试》中说："武强是华北年画印刷最大的场所，以南关为中心，有大画店乾兴、祥顺、新（信）义成、正兴和、隆合、双兴顺等家。最大的有六十几个工人，四十几座案子。城附近的芦园、韩村、旧城、宋家村等村的家家户户，都是以此作为主业的。营业最好的时候每年可印销三千件纸（每件三十令）的画，每令一十对开印张，共计九千万对开张。如按体裁的自然开张计算，尺寸小于对开的居多，如四开、八开、十二开不等，那就不止于九千万张了。从前在四亿人口的旧中国，接近于每两人平均一张。"

对于武强年画，各地有各地的喜好，如山西喜欢文样；陕西喜欢武样；河南、山东喜欢文武样；江淮北岸和汉口一带喜欢"摇钱树聚宝盆，一团和气大财神"；甘肃、宁夏、新疆等地喜欢卧美人（据说和房屋结构高低有关）；察哈尔、绥远、蒙古一带喜欢窗花和方子（有的贴在蒙古包里）。而戏出、花卉、狮子、老虎、雄鹰、判子（钟馗），各地都很畅销，由此可见当时武强年画的受欢迎程度。

《文武状元》

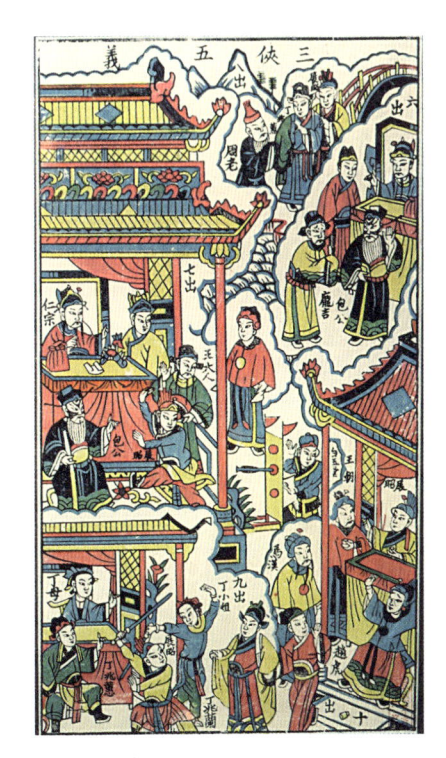

《三侠五义》

一袭传统

2006年，武强木版年画入选第一批国家级非物质文化遗产保护名录。

武强年画，是传统造型艺术中的一种，它的内容凝聚着中华文明古国人民特有的思想情感和审美特征，其题材自然地表现着当地人的地域心理，风土民情。

从古代农耕社会孕育而来的这一民间艺术，是北方麦黍文化的形象载体，是农民艺术思想观念的产物。它的题材、体裁、内容、形式都是为农民生活需要而产生的，具有浓厚的乡土气息和自然美的属性，同时也反映着当地崇侠尚义、慷慨重情、不畏强暴的燕赵之风。

如歌颂敢于反抗封建压迫、反抗无道暴政英雄人物的《梁山好汉》《瓦岗英雄》；如敢于冲破"君权神授"的天命观念，宣扬"民为贵、君为轻"的儒家学说的《武王伐纣》《砸銮驾》《打龙袍》和推翻帝制的《天安门大战》，农民起义的《李自成进京》。

如表现爱国主义精神的《花木兰》《杨家将》这种豪气和激情所创造的人物中，着重刻画的是侠肝义胆的英雄好汉，英姿勃发的俊杰女性，或被神化了的忠臣良将及上界仙人、下界鬼雄和道德高尚的各种典型。在一幅幅画面中，他们或健美俊俏、婀娜多姿，或威武雄壮、气贯长虹。心灵美，形象美，有讲头，有看头，为人们的精神依托和向往进行创作和造型，这是地域的崇尚，也是民族的魂魄被神化了的正义力量的再现和张扬。

2003年，武强年画以"杰出的农耕文化代表"而被评为中国民族民间文化保护工程首批十大试点之一，七个专业试点第一名。

近年来，各地专家学者也纷纷著书立说，加强了对武强年画的研究。国内的中央电视台各频道、河北卫视、香港凤凰卫视、澳门莲花卫视、台湾东森电视台和国外的日本NHK电视台等多家电视媒体，多期录制、播放了关于武强年画的节目，宣传力度空前，影响颇大。希望在未来，耀眼夺目的武强年画可以依托传统文化的底蕴，深植当代文化的土壤，开放出更加绚烂多彩的花朵。

《士农工商》

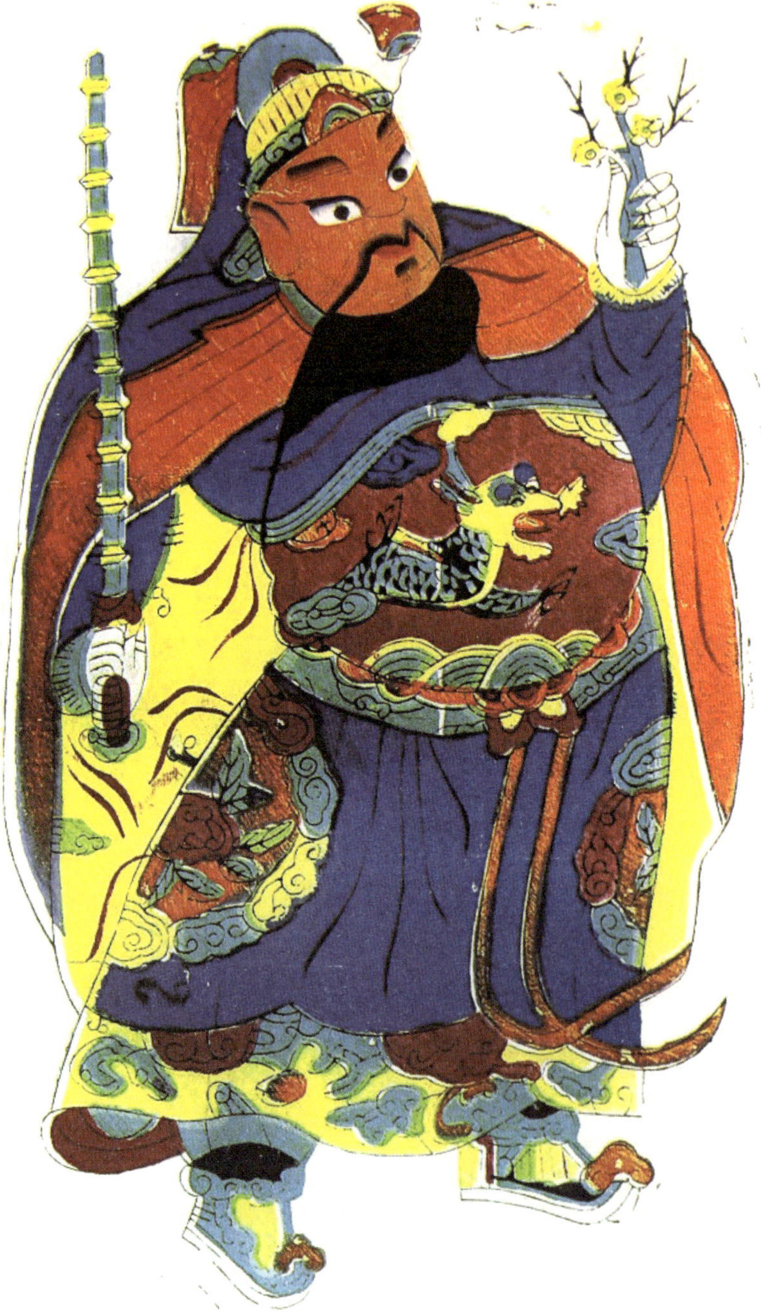

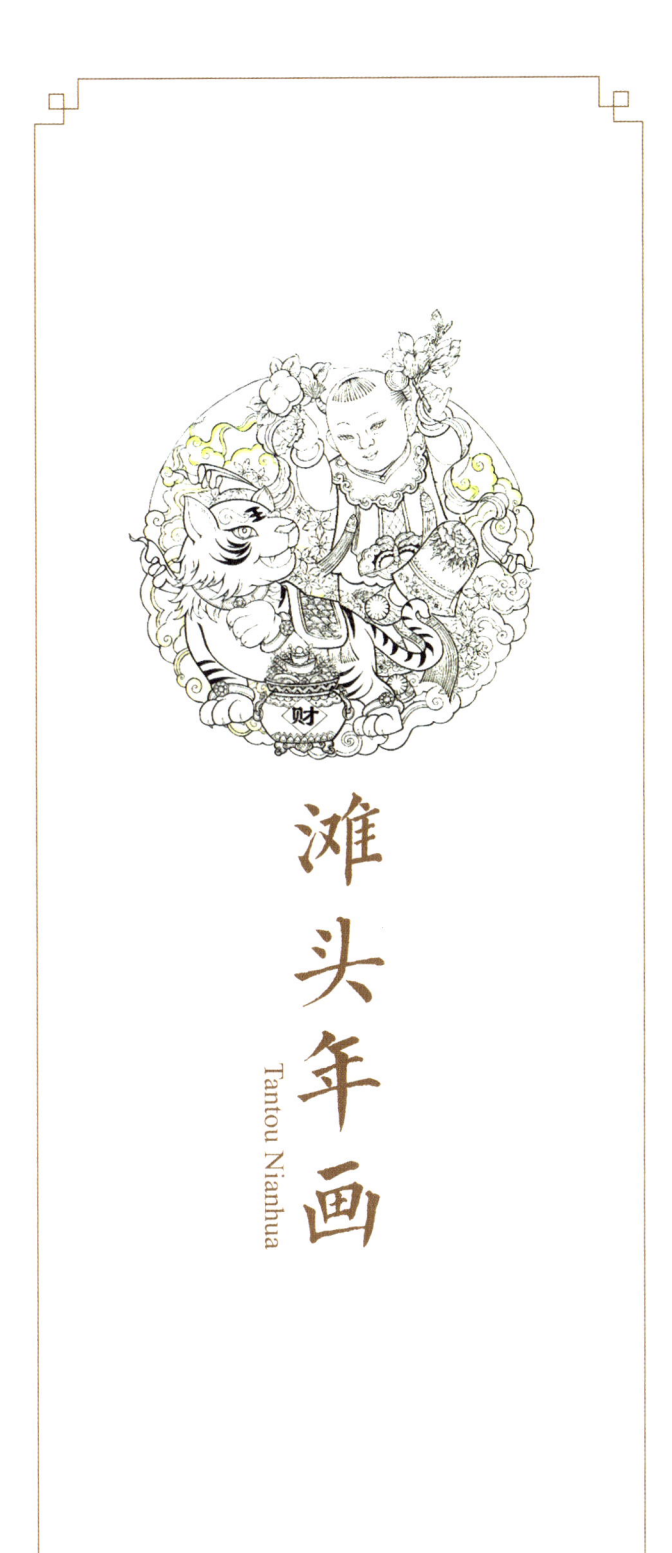

滩头年画
Tantou Nianhua

一件作品

　　滩头年画《老鼠娶亲》表现了老鼠迎娶新娘的画面，属于吉祥年画。十二只老鼠吹吹打打，鸣锣开道，分为上下两层，下层新郎骑马，新娘坐轿，打灯、打扇、吹奏、抬轿的老鼠各司其职，宛如人间的迎亲习俗；上层一队最前面的两只老鼠抱鸡、提鱼向猫进贡。其表现形式好像漫画，妙趣横生，让人忍俊不禁。鲁迅在《朝花夕拾》中曾盛赞其"可爱极了"。

　　《老鼠娶亲》中的十四只老鼠，一个个形态各异，幽默有趣，而且没有全部使用灰色，而将其中三只染成黄色。这样在主色调上作变化，是为了以最重的绿色突出主人公"新郎"。"新娘"则用艳丽的"花轿"来突出，主次分明，重点突出，使整个画面的色调融洽自然。

《老鼠娶亲》

滩头年画特点

形态各异的门神画

滩头年画是湖南唯一传统木版手工印年画，有门神、戏曲、吉祥等品种，其中门神年画最多。有的门神将关羽与马超并列，有的则是表现苗族英雄形象的年画。年画中的人物有的头戴风帽，身披斗篷，穿蟒袍系玉带，一手执鞭锏，另一手拿着如意或梅花，也有的手端玉带而不执鞭锏，形象式样上可以看出是由传统的鞭锏门神发展而来的。这些门神画行销于苗族地区，也具有鲜明的地方风貌。另外，滩头门神画中也有一品当朝的天官型文门神、招财进宝的赵公元帅和麒麟送子之类的门神。

《关公门神》

《秦琼与尉迟恭》

《麒麟送子》

🌼 色彩明亮，以红色为主

过年时候贴红色的年画是很多地方的习俗，烘托人们热闹、喜庆的氛围，寓意祥和、好运。滩头当地人非常嗜辣，他们把对热烈的红辣椒、黄色的生姜、白色的大蒜的喜爱带到了年画中。从而产生了艳丽、鲜明，对比强烈，具有"辣"味的滩头年画。大面积的红色，点缀小面积淡黄、翠绿、煤黑等，冷暖色彩对比强烈，耀眼夺目、丰富华丽、五彩斑斓，既协调又柔美，被行家盛赞为"艳而不俗，厚百不浮"。

滩头年画的色彩一般讲究对称，同一对门神，一个红脸、紫袍、绿胸围，而另一个白脸、绿袍、紫胸围，两者相互对称，互相辉映。

《秦琼与尉迟恭》

造型夸张，突出人物的性格和气质

滩头年画不追求逼真的外部形态，而是抓住事物的鲜明特征，表现其内在的本质，追求神似而不重形似。人物的性格和气质主要用不同的眉毛和胡须突出。

比如门神年画中的秦琼、尉迟恭，有威武的大刀眉、滚圆的眼珠、高耸的狮子鼻、垂肩大耳，以及近方的圆脸，把人物的凛凛威风，表现得淋漓尽致。其四个头高造型，夸张变形，身体横向扩展，但并不觉得人物矮小，反而有魁伟、雄健之感，像泰山一样巍然屹立。

《秦琼与尉迟恭》

《将帅门神》

滩头年画　055

比如吉祥年画《和气致祥》里的和气菩萨，将眉毛画得像辫子的形状，其寓意健康长寿。人物头部和身体画成两个小圆形，然后再组合成一个大圆形，巧妙地突出一团和气主题。

《和气致祥》

再比如《花园赠珠》《西湖借伞》等表现才子佳人爱情故事的戏曲年画中，仕女都苗条纤弱、婀娜多姿、楚楚动人，用柳叶眉表现端庄、秀雅。

《花园赠珠》

《西湖借伞》

❀ 构图饱满，以人物为中心

滩头年画在构图中特别讲究布局主次分明、疏密有致，以主要人物作为构图中心，次要人物缩小到主要人物的底部，其他道具巧妙安排，结构统一而富有变化，让人看上去满而不乱，有重点、有亮点、有细节。

❀ 线条洗练，刚劲有力

滩头年画的创作者根据人物性格，运用各种刀法，用简练利落、刚劲有力的线条塑造丰满的人物形象。尤其是人物脸部、手等主轮廓线清晰流畅。衣纹、花纹、胡须等地方用几组有韵律、有节奏的线条依次排列，富有装饰美。

《五子登科》

《关公门神》

一位有缘人

◉ 有缘人

尹冬香：传统年画技艺扎根在心中

2006年，滩头年画被列入首批国家级非物质文化遗产名录，钟海仙、高腊梅夫妇被确定为国家级项目传承人。

尹冬香是首批国家级非物质文化遗产滩头年画的女传承人。尹冬香的父亲和滩头木版年画艺人钟海仙关系不错，于是找他商量，让当时钟海仙安排年仅16岁的尹冬香开始在高腊梅作坊做帮工。从那时起，尹冬香对传统技艺的热爱逐渐在心里扎下了根。在钟海仙的悉心指导下，尹冬香进步很快。由于她勤奋好学，不到几年，便熟练掌握了滩头木版年画印制的全套技艺，她的年画作品也逐渐得到了作坊主人钟海仙、高腊梅夫妇的认可，并经常交付其单独印制年画作品。师傅生前不但教她如何选取梨木，印制技艺，还教她为人处事的道理。

滩头年画作坊一角

然而，随着年画市场的萧条，作坊印刷数量日渐减少，尹冬香也因此失去了为高腊梅作坊印制年画的工作，只得前往株洲一家服装厂打工。

2008年，已是耄耋之年的钟海仙病逝；另一位滩头年画艺人——金玉美作坊主人李咸陆也于三年后离世，滩头年画国家级非遗传承人就只剩下高腊梅一人。几年来，尹冬香虽然身在外地，但她心中始终无法割舍对滩头年画那份深深的眷恋。2014年12月，滩头木版年画最后一位国家级代表性传承人高腊梅因病医治无效逝世。老艺人先后离世，很多人纷纷改行不再从事年画制作，滩头年画濒临失传的困境。2015年11月，尹冬香毅然返乡，投资创建了滩头年画福美祥作坊，得到了隆回县非物质文化遗产保护中心等有关部门的支持。

作坊建成后，尹冬香印制的作品《吉娃送福》在第六届中国成都国际非物质文化遗产节上获奖，并被授予"新生代工匠之星"称号。她印制的《廉政年画》《金狗赐福》等作品畅销国内外，并在多地举办滩头年画个人作品展。"我创办滩头年画福美祥作坊的目的，就是不想让滩头年画这颗艺术'明珠'失传，要让它世代传承下去，现在我女儿大学毕业了，也在跟着我学滩头年画制作。"尹冬香感慨地说道。

非遗匠人

高腊梅：滩头年画传承生生不息
独一无二　家族百余年未断传承

钟海仙的父亲钟登弟14岁起在滩头镇"鼎兴隆"作坊学徒打杂，1916年创办"成人发"年画作坊。钟海仙6岁随父亲学徒，从事年画生产70余年。高腊梅，湖南省新邵县高雅塘人，钟海仙的妻子，婚后与丈夫共同经营作坊。1956年，作坊更名为高腊梅作坊。

"成人发"作坊及改名后的高腊梅作坊已经开了一百余年，是目前滩头镇屈指可数的，还在经营的年画作坊之一。2018年10月23日，湖南省商务部门《关于认定第四批"湖南老字号"的通知》公布，滩头年画高腊梅作坊被认定为"湖南老字号"。

作坊坐落在隆回县滩头镇三坡街21号，走近高腊梅作坊，会发现牌匾的落款是中国当代作家冯骥才。2009年5月，全国政协常委、中国文联副主席、中国民间文艺家协会主席冯骥才参观高腊梅作坊时，欣然题字"高腊梅作坊"，并题字盛赞"隆回民艺浓似酒，滩头年画艳如花"。

高腊梅年画作坊以代代相传的工匠精神、精良的制作技艺代表着滩头年画制作的最高水平。钟海仙、高腊梅夫妇及其儿子钟建桐先后被评为滩头年画国家级代表性传承人，并携作品代表滩头年画赴北京、天津、上海以及中国台湾、中国香港等地展览展示，其参展作品受到了人们的广泛好评。

高腊梅作品

高腊梅作坊

自成一派　潜心耕耘年画

高腊梅，女，汉族，湖南省隆回县滩头镇人，2012年入选第四批国家级非物质文化遗产滩头年画项目代表性传承人。

高腊梅以浓郁的楚南地方特色，自成一派。从明末清初到民国初年，滩头年画逐步形成了自己独特的美术风格：艳丽、润泽的色彩，古拙、夸张、饱满、个性化的造型方法，纯正的乡土材料和独到的工艺，使作品具有浮雕一般的艺术效果。

高腊梅从小随母学制凿花，13岁做童养媳并随夫钟海仙从事年画制作，60多年来潜心耕耘年画，并不断发扬光大。但她不是一个守旧的人，学习制作年画的时候，她也在创新。通过不断摸索，她在手工抄纸上，刷上一层特制的粉，这样印制出来的年画更易吸附颜色，且颜色的对比反差更大，看上去比别人家的更艳丽、美观。

2009年10月，因高腊梅对滩头木版年画的突出贡献，被评为新中国成立60周年感动隆回十大人物。

高腊梅作坊的作品多次在大展中获奖。1994年，在国家文化部主办的中国民间艺术一绝大展中荣获银奖。2003年，在中国首届文物仿制品暨民间工艺品展览中获金奖。2015年，在中国木版年画杭州特展中获最佳创新奖。

其代表作《老鼠娶亲》先后获得第六届中国民间文艺山花奖；民间工艺奖优秀奖；首届中国非物质文化遗产博览会银奖；中国（潍坊）第三届文化艺术展示交易会暨全国木版年画联展中荣获金奖等。

滩头年画工作台

传承人

钟星琳：在传承中创新，玩出新花样

钟星琳的爷爷钟海仙、奶奶高腊梅是滩头年画国家级代表性传承人。2018年，父亲钟建桐也被确认为滩头年画国家级代表性传承人。出生在滩头年画世家的钟星琳，自小就沉浸在年画的世界里，二十多年的非遗熏陶早已让她熟练掌握年画的各项操作。但是，随着工业现代化进程对农耕文明的强烈冲击，滩头木版年画的市场急剧萎缩，传统艺人们纷纷改行，原有技艺概已荒废，老一辈的刻版高手相继逝去，滩头年画的品种减少，销售也举步维艰。

具有创新精神的滩头年画传承人——钟星琳

看着年画传承走入困境，钟星琳很是心疼。2017年，钟星琳辞去在媒体的工作，在社会各界的见证下向父亲钟建桐行拜师之礼，正式专一做非遗的传承。

年轻人的传承并没有那么简单，首先要"吃得了苦，耐得住寂寞"，为了练好技艺，钟星琳一站就是十几个小时。从手工抄纸的加工到年画的刻板、套色、开脸，每一项都要精益求精，其中点睛、描腮红和画嘴唇更是要练习几千次后才能正式上手画。

滩头年画套色技艺

"滩头年画是爷爷奶奶传承坚守一辈子的东西，父亲身体也不怎么好，如果我不做，这一辈就没人做了。滩头年画一直在小镇是发展不起来的，必须要走出来，年轻人学的东西多，见的世面也多，我们有能力把滩头年画推广到外面去，让它走出小镇。"钟星琳说。

《和气致祥》雕版 　　色版

❀ 维修作坊

钟星琳通过筹款和贷款的方式,解决修缮高腊梅作坊的资金问题。目前,高腊梅作坊一共有三层楼,一楼主要是呈现已经制作好的年画,像《老鼠娶亲》《秦琼尉迟恭》《和气致祥》等年画作品;二楼主要是用作研学、"非遗"教学、亲子活动等场所;三楼主要用于制作年画。现在能看到许多游客的身影,除了造纸工序无法重现之外,年画制作的其他20多道工序都可在作坊内见到。

传承发展非遗宣传推广必不可少。"想要吸引更多的年轻人,让他们从了解到接受,最后喜欢上我们的年画。"钟星琳说。她设立了微信公众号、开设淘宝店铺、参与电视节目、开新闻发布会、拍摄抖音小视频等,通过新媒体让公众更加了解滩头年画。

❀ 开展非遗教育活动

钟星琳认为,"单纯培养人们对年画文化的热爱很难,但如果把提高年画的使用价值,融入人们的生活当中,让大家主动产生兴趣,会不会比单纯科普年画技艺知识更管用。"

她开发了滩头年画研学旅游路线,成为滩头年画研学和文创的创始人。目前,已在长沙、韶山、隆回都办有年画研学基地。还把年画中最重要的套色工艺,做成体验的课程,让学生手工实践,参与体验年画的制作。开发的课程被许多学校采购,并纳入教学课程。

❀ 开创年画文创产品

文创产品能实现非遗与日常用品的跨界融合,提高使用价值。钟星琳认为,做年画、贴年画是不可或缺的美好回忆。希望能守住年画,留住这一份年味。钟星琳设计了以年画为主题的灯笼、红包、对联、福字等。

2019年，她推出"诸事如意"系列年画文创礼盒，包含年画、红包、对联、福字等产品。2020年，她与清华美院的学生一起创作新品《和福眷鼠》，寓意和和美美，终成眷属。2021年，她又对今年的年画礼盒进行再创新，以清代书法家黄自元手笔创作对联，与湖南文化创意有限公司一起联合推出《画意新年大礼包》，让年画再度重回春节。

展开非遗跨界活动

　　为了让滩头年画更具有活力，钟星琳开展了一系列"非遗"的各种跨界活动，将现代化房产、汽车、餐饮、旅游景区与传统技艺结合起来，策划年画活动及企业定制。

　　2019年11月，在"锦绣潇湘走进瑞典"湖南文化旅游推介会上，钟星琳把年画作为湖南省礼送给波兰大使。

　　钟星琳通过不懈努力，用热爱和责任带领滩头年画走出了小镇，我们相信未来会有更多的"钟星琳"，让中华传统文化熠熠生辉。

一门手艺

滩头镇堪称"年画博物馆",从纸变成年画,共需要二十多道工序。包括造纸原料的选择、纸张的制作、蒸纸、托胶、刷纸、版底的雕刻,以及七次印刷、七次手绘描摹,还有晾晒、装裱等工序,让人想不到的是,这些工序都在一个工坊里就能完成,这在全国是唯一的。

所以有人说,滩头年画是造纸术和雕版印刷术的完美配合。

印刷滩头年画的纸要选当地的嫩竹做原料,全程纯手工制作,没有现代化机械加工。土色的原纸做好后,用布或塑料盖严,放铁锅上加水蒸煮约半小时。晾干后完成"生纸"到"熟纸"的蜕变,变得有拉力、不起泡、不起拱。之后,在纸的表面刷胶矾水,这样纸质柔软不脆,不易撕烂,颜色经久不褪。

滩头年画刻版及工具

人们还在当地滩头峡山的溶洞的石头缝中挖来一种特有的白胶泥。经过晒干打碎、洗后沉淀出细细的泥浆，刷在做好的纸上。这样，纸变得洁白，而且吸色性能好，渗而不滞，透而不糊。

　　纸张准备好后就开始刻版了。滩头年画采用木版套色的技艺，分为色版和线版。雕刻一块年画版不是一朝一夕能完成的，一张年画有多少个颜色就需手工雕刻多少块色版再加一块线版，至少耗时1个多月。一笔一画都要一次成型，所以年画制作工艺中最难的在于刻版，如今，这门手艺已被列为首批国家级非物质文化遗产项目。

滩头年画刻版技艺

刻版

调色是年画匠人的秘密。中秋前后，年画匠人会上山采摘带有色彩的植物，与世界上独一无二的本地白胶泥调制。色彩与白胶泥混合，可以增加亮度，调出独特的橘红、玫红、墨绿、煤黑、品黄，颜料全由本土植物手工制成，这也是滩头年画色彩艳丽自然的秘密。

待色版和线版印刷完成后，会由作坊里技术最好的匠人以手工绘制的方法"开脸"。年画匠人要在无数张年画里准确无误地对画中人物的面部进行画眼珠、点睛、画胡须、打胭脂等。一叠纸，每个人物要画的一模一样非常不容易，特别考验匠人功力。

《将帅门神》

一方水土

湖南省邵阳市隆回县自古以来人杰地灵，文化积淀丰厚，这里走出过许多著名人物，如魏源、魏光焘、邹汉勋、孙俍工等。滩头镇位于隆回县，是南方重要的木版年画产地。因为境内有三条溪水穿镇而过，相汇于镇北，积沙成滩，所以得名滩头。滩头镇历史悠久、人文厚重。始建于隋朝，元末明初时候，称为楚南滩镇，后改称滩头镇。

清代思想家、史学家魏源塑像

融合民俗特色，自成一派

从明末清初到20世纪中期，滩头年画经过300多年的发展，不仅吸收了各地版画的特长，还融合了湖南民俗文化特色。从而形成了用料讲究纯正、工艺复杂独特、构图疏密有度、色彩艳丽润泽等独树一帜的特点，不但自成一派，而且造纸、用料、制作、成品等所有工序全在本地完成，这在全国版画行业中是极为罕见的。

❀ 造纸之乡，造纸技术发达

纸是中国人献给世界的古老智慧。滩头镇距离中国四大发明之一造纸术的发明者——蔡伦的家乡湖南耒阳200多千米，地理上的近距离使滩头镇的匠人更好地学习和继承了造纸术，也因此顺理成章地成了造纸之乡。

滩头镇一直有"纸都"的美称，是长江以南的造纸中心。滩头镇手工生产土纸历史悠久，始于隋朝末年，至今已有1300多年。元代，滩头镇已是竹料土纸著名产地，品种繁多、规格齐全，土纸、色纸、粉纸、官堆纸、毛边纸、时仄纸、玉板纸等应有尽有。清代，滩头香粉纸、玉板纸曾被列为贡品。民国初期，滩头年画生产达到全盛期，产品远销东南亚、日本等国家和地区。

在滩头镇，几乎所有造纸技艺已位列非物质文化遗产，画滩头年画，必用滩头镇手工抄纸。滩头镇和周边的人家几乎祖祖辈辈以纸为业，家家户户立有造纸坊，男女老少都是从事手工造纸的"抄纸匠"。

几千年来，滩头镇继承、发展手工抄纸技术。2014年12月，湖南省隆回县滩头镇手工抄纸技艺被列入第四批国家级非物质文化遗产代表性项目名录。

隆回高铁站

❀ 竹木资源丰富

俗话说"靠山吃山"。山清水秀的滩头镇，坐落在隆回县东部丘山中那百万亩绿波滚滚的竹海里。数百年来，丰富的竹料使得当地的民间传统纸业蓬勃发展且长盛不衰。滩头年画的基础用料就来源本地，纸品是用嫩楠竹制成的玉版纸，质地厚、韧性强、保存时间久。

❀ 梨木为材，木版刻印业发达

刻版选用的材料也不马虎，选用本地上好的老梨木。这种木料质地细密，不开裂不变形，雕刻的线条棱角分明，坚实流畅，能将刻版师傅的精湛技术恰到好处地表现出来。

滩头的木版刻印业相当发达，刻印的历书、族谱、经书等技术水平很高，有的书中还刻有插图。木刻版技艺已达到相当高的水平。由于手工造纸业和雕刻业十分发达，造就了一批能工巧匠，曾出现过造纸村、雕刻（族谱）村、色纸花纸巷等手工作坊十分集中的群体，如城背村造纸作坊群、响鼓刻谱村、滩镇南长安街纸坊一条街等。旧时，当地曾流传过"莫说滩头口岸小，四十八个码头钱米流"的美称。

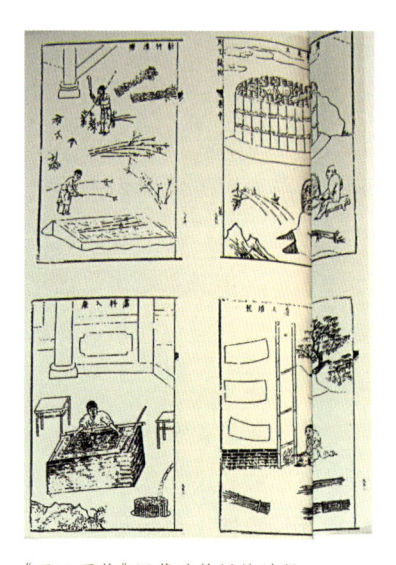

《天工开物》记载造竹纸的过程

造纸需选用嫩竹

一段历史

滩头年画的内容选择和表现手法与湘楚地区的民间印染、刺绣、石雕、陶艺、剪纸等民间艺术有着不可割舍的渊源关系，特别是与滩头纸马有着承上启下的关系。

滩头民风淳朴。当地老百姓多信奉神灵、命相、风水等，所以盛行纸马等。

纸马比年画历史更为久远，是古代民间用于祭祀的物品，所绘的神像都骑马，所以称为"纸马"。纸马实质上就是木刻黑白版画，与年画无论是内容还是制作方法都很相像，可以说滩头年画是滩头纸马的演化和延伸。

部分滩头年画中的民俗内容

由于祭祀神鬼的风俗在湘楚地区盛行，所以滩头很早就出现了神马的刻印。传说，明末清初有个叫王东元的秀才在此基础上进一步扩展到年画的印制。王东元，长沙人，聪明过人且有绘画才能，与妻子到滩头投亲。滩头的纸马引起了他的兴趣。他在纸马的基础上调配各种颜色，并利用这里得天独厚的条件，开办了年画作坊，生产出《秦琼尉迟恭》《和气致祥》《老鼠娶亲》等门神及吉祥图画。

清朝道光年间，和顺昌老板胡奇甫绘制了《桃园三结义》《三英战吕布》《花园赠珠》《西湖借伞》等戏文故事，使滩头年画的内容得到进一步丰富充实。

民国初期，滩头年画生产达到全盛期，滩头年画作坊达108家，工人2000余人，年产量达3000万张。著名的作坊有大生昌、大成昌、道生和、生成昌、和顺昌、荣松祥、忠良美、宝悦来、天顺昌、正大昌、义生和、宏顺庆等。其中大生昌开业于清末，有年画40余种，刻印精良颇享盛誉，还在天津、武汉、长沙、邵阳等地设立分庄，在其鼎盛时期具有相当规模。

大作坊雇工几十人，分工较细，小作坊则全家男女老少齐动手。每年中秋过后，各家作坊开始印制年画。腊月时节，画商纷纷前来采购。农闲时，人们也挑担贩运到外地大街小巷出售。滩头年画产品销往云南、贵州、四川、陕西、江西、广东、广西等省、自治区和港澳台地区以及东南亚华侨聚集的国家。

一袭传统

滩头年画经历了几百年的风风雨雨，几经繁盛、凋零，绵延至今。究其原因，首先是因为它根植于民间、服务于民间；其次，滩头年画具有鲜明湘楚地区文化特色，集民间技术与民俗文化。这也是滩头年画的独特价值。

因年画产于地处偏僻的滩头，受外来文化的影响小，虽然没有准确的人物比例，没有秀雅和妩媚，却保留难得的古拙、纯朴、大方的原始气质。

《五子门神》

旧时的中国农民饱受来自自然和人为的各种磨难,他们祈求过上平安、顺畅、富足的生活。滩年画根据历史故事及民间传说,用奇特的想象力和创造力,塑造出一个个栩栩如生、被老百姓视为保护神的人物形象。门神《秦琼与尉迟恭》周围五童子形态各异,一来用以避邪禳灾,二来预示人丁兴旺、五子登科。《关羽与马超》的令旗上各写一个"福"字,战袍上分别写上"爱"字和"喜"字,祈福求喜的愿望表现得清清楚楚。《苗族英雄》白脸门神一手举着镇邪的铁锏,一手却握着"玉如意",象征万事如意,红脸门神一手举鞭,一手却执着"梅花枝",梅开五福,洪福齐天。

这些为顺应老百姓祈福求子的心理需求而巧妙地改造了的门神,一方面不脱门神"驱鬼镇邪"的原始意义,另一方面又注入了祈福求子的新鲜观念,使人们从简单地惧鬼畏邪的阴影中部分地解放出来,沉醉在对美好祥和生活的憧憬之中,丰富了原有门神的内涵。

《苗族英雄》

《关羽与马超》

《秦琼与尉迟恭》

滩头年画

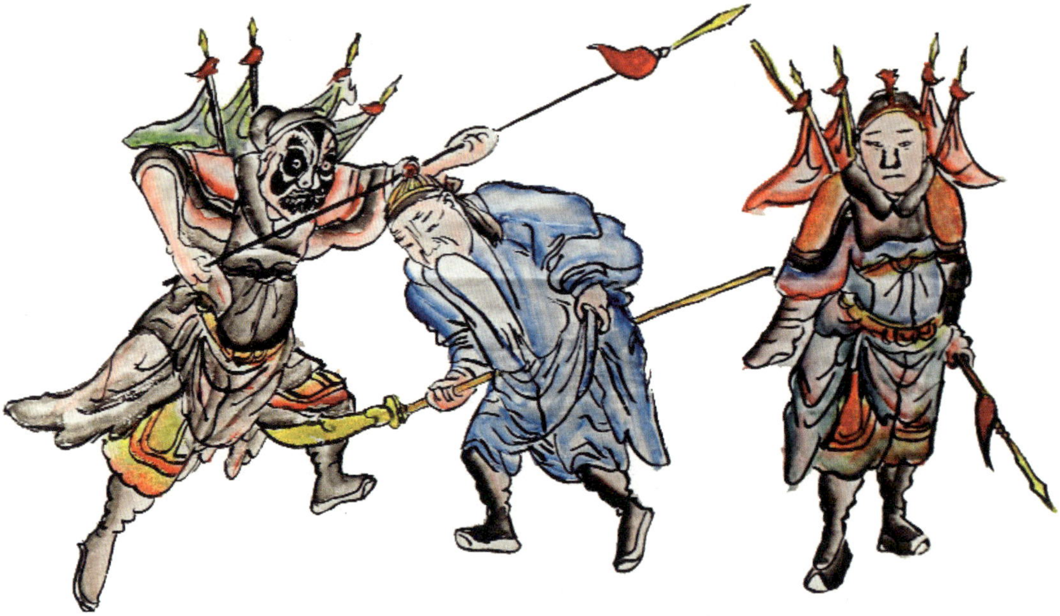

滑县年画
Huaxian Nianhua

一件作品

滑县木版年画是流传于河南省滑县的一种民间美术样式，它源于明武宗年间，前后历经二十七代人的传承，至今已有五百多年的历史。这幅神像年画是清代的木版彩绘，画的是田祖。田祖就是炎帝神农氏，是农耕生活最重要的神。传说，神农氏创造了中国最早的农具，让原始农业走向了精耕细作，所以被后人世奉为农神田祖。在每一个新年的开始，必须悬挂田祖的神像，并摆设供堂，进行礼拜，用以祭祀祈求新的一年农耕顺利，无灾无害，获得丰收。这张神像年画也是滑县年画中的典型代表。

《田祖》

在遥远的古代，人们对天灾与病痛不能进行科学的解释，便将其神灵化，用以进行沟通。这样一来，便能祈求神灵的庇护，驱灾辟邪，以达到自身与自然的和谐。于是，"万物有灵"的说法油然而生，这也使民间信仰的神灵队伍十分庞大。这些神灵有的来自某个传说，有的源自某段历史，还有的是取自于宗教。民间印制的神像直接显现了民间百姓的信仰心理，广大民间用这样的方式慰藉着他们精神的脆弱与心理的不安。

滑县年画的特点

滑县与朱仙镇同处中州大地，同属黄河流域，同样历史悠久，一个位于黄河之北，一个位于黄河以南。最重要的是，两地相距的直接距离不到一百千米，但年画风格却有风马牛不相及的巨大差异。这些差异体现在哪些地方呢？我们将用比较法的方式来展示滑县李方屯年画与朱仙镇年画的不同特点。

从题材上看，滑县李方屯的年画以神像和祖宗轴为主，具有应用性，主要是与当地过年时的宗教崇拜和祖先祭祀活动密切相关。其中神像类的年画包括佛、道、儒及民间诸神，祖宗轴则包括先祖流传下来的各种规格与内涵。滑县年画有门神，但不重要，基本上没有戏曲和年俗生活的年画。滑县还有一种《全神图》为其独有，《全神图》阵容之大，应在全国各地年画中居于首位。其实，在各地的年画中都普遍存在神像，但像滑县神像画这样繁多和专一的，实属少见。其中，最多见的年画是《田祖》《文财神》《武财神》《南海观音》《保家双仙》《鲁班》《张天师》《灶王》《七十二全神》等。

从体裁上看，滑县李方屯的年

《劈山救母》

《麒麟送子》

《保家双仙》

画画幅较大，多为卷轴中堂。有的画都达到了六尺宣纸（140厘米×80厘米）的大小，如神像画《七十二全神图》、祖谱画《拾贰名义》。但是，朱仙镇年画却都不大，反倒是以一种被称做斗方（24厘米×26厘米）的小画居多。最大的中堂（大家堂）也不过88厘米×60厘米。

  从构图上看，滑县李方屯的神像年画多为对称构图，因其对画中的神像有排列安排，则需要层次分明，所以一般采用长幅立式的方式，并将上下清晰地分为几部分。中间为主神，依次由上而下排列，侍奉和护法有序地分列两旁，互不遮挡，画面明朗。朱仙镇的神像年画则不过多讲究层次清晰、分明，神仙一排排站得很紧，反倒凸显了神像群像的气势，浑然一体，画面饱满厚重。

《七十二全神图》　　　　　　《思格之神》

在人物造型和面部细节上，两个产地的人物审美完全不同，画也就很不一样了。滑县李方屯年画人物的头部与身体的比例是1∶5，比较写实。人物的眼睛为长圆形，眼角没有折角；眉毛只是一条简单的弧线，嘴缝含在上下唇中间。而朱仙镇年画的人物头大身小，头与身的比例是1∶3或1∶4，人物显得古朴敦厚，两个眼角部位都各有一个折角，眉峰处也有一个折角，嘴缝呈一条长线，相貌十分独特。还有，朱仙镇人物多在眼睛上边画一道双眼皮，而滑县李方屯人物多在眼睛下边画一道双眼皮。单看双眼皮线条的位置就能分辨出这两个年画不同的产地。

《四像》（玉皇、田祖、文武、财神）

从年画上的文字看，滑县李方屯的年画很像国画，年画完成后，基本不标示人物姓名，也很少署店名，但却要在年画的下角盖章，不过《全神图》除外。另外，他们还会为年画配上文字对联和横批，如《四像》。尤其是那些很适合挂在堂屋正面墙壁上的中堂画，使用楷书字体，有字有画，看起来十分美观。他们还别出心裁，除了与年画相配外，还单独销售对联。这样的中堂画是本地特有的一种形式，也是本地年画主要特征之一。这是朱仙镇年画和其他地方年画所没有的。

从线条画法上看，滑县李方屯的年画多使用细线，也会有粗细线变化，线条结构较松，显得灵动自如。同时，很少使用套版，套版时先用线版印墨线，其余的全部手绘，画味极强。而朱仙镇的年画却与其相反，多为套版，一般为六套，多使用均匀的粗线，无粗细变化，结构严谨，简练遒劲，如国画中的铁线，版味十足。显然在刻版时两地也是完全不同的刀法。

从色彩上看，滑县李方屯年画的色彩颇有国画的韵味，在各地年画中非常少见，他们几乎不用白粉，全部用水稀释过的半透明的颜色，并使用调和色。滑县李方屯的颜料由于用水稀释过，对比不强，但丰富而雅丽，自成特色。朱仙镇多使用不透明的颜色，喜欢用红（朱）与绿，紫与黄两组对比色，色彩强烈鲜明。

通过以上比较，我们可以发现两地年画差异巨大，可以肯定地说滑县李方屯是一个独立的年画产地，它的年画也是独自成篇的艺术体系。

滑县木版年画与朱仙镇木版年画相比，最大的特点在于它更多地带有原生态民间艺术的朴素性，更多地体现了乡村社会的精神信仰和审美趣味，显示出民俗学、社会学等方面的研究价值。

《泰山老奶》

一位有缘人

民间手工技艺需要传承和发展。在当下滑县木版年画的传承中，项目抢救整理发起人韩建峰起到了很关键的作用。

韩建峰出生于李方屯（同盛合）老字号木版年画世家，现为中华老字号同盛合年画的掌门人——河南省同盛合木版画文化传播有限公司法人兼党支部书记。从1995—2005年，他用了十年的时间完成了滑县木版年画三度创作的抢救性整理工作，并细致地与其他年画产地就文学、美学、艺术差别等方面进行了学术论证，具有很珍贵的学术价值。

滑县木版画传承人韩建峰

作为滑县木版年画国家级代表性传承人，文化部中国木版年画专业委员会委员和中国滑县李方屯木版年画博物馆馆长，韩建峰大力呼吁社会各界加强关注滑县木版年画，整理恢复了大量资源和传统技艺。2005—2006年的学术成果得到了社会各界及知名专家学者的普遍认可，他还独立申报了河南省非物质文化遗产保护名录。目前他已整理传统年画题材500余种，并长期从事我国传统美术及滑县李方屯传统木版年画的系统性抢救整理和保护工作。

他将自己对滑县（同盛合）木版年画抢救的成果办成展览，在天津大学成功举办，得到广大专家学者的充分肯定和高度赞誉。

随着中国文化遗产抢救工程的深入推进，中国文化遗产抢救工程专家委员会主任委员、著名学者冯骥才先生亲临"同盛合"老字号进行考察论证及交流。当年滑县木版年画就被列入我国民间十大发现之一，引起社会各界广泛关注和轰动，冯骥才先生亲笔题词，称韩建峰为弘扬滑县年画的功臣。

除此之外，他的作品与传统年画制作技艺，还成功申报了国家级非物质文化遗产代表作重点保护名录。

传统的技艺需要融合现代的发展。如何让年画在当下有根植的土壤，前李方屯二村有着好方法。在2013年，前李方屯二村被河南省政府列入第一批"传统古村落"，打造以年画为主体的文化产业示范村。在前李方屯二村党支部书记韩建峰的带领下，以年画为主体的文化产业正在有序良好的发展，这既促进了地方经济和文化的快速发展，也实现了农村产业结构的调整和农民的增收，更使年画的继承和发展有了广阔的空间。

纸马

年画雕版

一门手艺

滑县木版年画无论构图、刻版、印制，还是画法、色彩、勾线等，都有着自己一整套独特的艺术语言与制作手法。在年画的制作上，滑县木版年画的制作工序大致可分为拓稿起样、雕刻画版、完稿印轴、绘画染色、装裱成轴五个部分。

其中，由于滑县木版年画中神像和祖宗轴占很大比重，拓稿起样便尤为重要。因为神仙的模样是不能随意改变的，不论如何翻刻，都要一直忠于"古本"，不可以乱改。为了延续长期以来形成的"年画都得一个样儿，不能变"的原则，滑县年画艺人制造了一种专门用来翻刻新版的画版——母版。母版不能用来印画，只能用作翻刻新版。从母版上拓印下线稿的过程，年画艺人就称之为拓稿。

拓稿大致分为五步：打纸裱、刺烟、上潮、刷版、趟纸。每一个步骤都体现着滑县年画艺人独有的技巧与经验，不是外来人一朝一夕能够学成的。特别是"打纸裱"和"刺烟"这两个步骤，若无经验便很难完成。这两个步骤要掌握好时间的恰如其分与力度，差之分毫，效果便会相去甚远。

布质《祖宗轴》

打纸褙：民国以前，滑县的年画艺人印年画所用的纸张，大都是质地较稀薄的麻纸或棉纸。而此地年画的画幅一般较大，纸张易破，艺人们便把两层麻纸或棉纸褙在一起，使纸加厚，当地俗称打纸褙。

打纸褙时，先将棉纸平摊在桌子上，用水把纸喷潮。随后，将面、水放在盆中搅拌，加热打成稀糨糊。糨糊的黏稠程度，以不结疙瘩为最佳。再将这种打好的糨糊均匀地涂在棉纸上，把另一张棉纸平摊上去，用干燥的软刷子将其来回刷平即可。最后，再把打好的纸褙晾在院子里的竹竿上晾干。

以上所述打纸褙的过程，是根据老一辈年画艺人的回忆记录下来的。现在李方屯村印制木版年画，已经不再有这道工序。因为，早在20世纪50年代，艺人们印年画时所用的纸张，都已逐步更换为有光纸之类质地较厚的工艺造纸，无须再经过打纸褙这一道工序。

打纸褙

刺烟：是指当年年画艺人制作的相当于墨汁的印刷颜料。其大致的制作过程如下：先把黑烟（松树烟、锅底灰、草木灰等混合物）放在盆里用水搅拌均匀，成为黑烟水；同时将皮胶放入开水中煮成皮胶水。随后再把黑烟水与皮胶水搅在一起，直至能扯成稀条状为止。最后加进一小撮面打成粥状，再倒上黑烟水搅匀，传统民间印制年画的"墨汁"便制成。

这套制作黑颜色的技艺，同样为昔时的年画艺人所熟练掌握。黑色印在纸上后，线条要清晰，不能洇开或干涩不畅。通常年画艺人只需用画笔蘸着黑色在打好纸裱的棉纸上画几笔，用嘴轻轻吹干，即可看出黑色深浅干湿来。深了兑水，浅了兑黑烟。刺好的黑颜料印刷时要求不"糊"版，有浓度和韧劲儿；其中关键的技巧就在于艺人们抓的那一小撮面上。刺烟这一工序，也不为现在的年画艺人所使用。

上潮：打好纸裱且晾干后的棉纸，质地会较硬，印画容易线条不畅、模糊不清。年画艺人便在印线版之前，通常先在棉纸上"甩"上薄薄的一层水，等纸张软硬合度时，才开始印线版。这一步骤俗称"上潮"或"打潮"，它是印好线版的关键步骤之一。

刷版：将调好的黑颜料倒入平底盆内后，年画艺人并不直接从盆里蘸着黑颜料刷版。因为这样不易把握颜料的多少，常会出现鬃刷一次蘸黑颜料过多，把版刷"糊"，使线条过粗，甚至连成一片。为了防止此类现象的出现，年画艺人在刷黑色之前，会先"润版"。所谓"润版"，就是将水均匀地洒在画版上，或者用嘴喷水于画版上，然后用刷子来回刷版，使画版在"吸墨"之前先"吸水"，用当地年画艺人的话说是防止版"反性"。"润版"大约需要半小时，直到画版不再"吸水"为止。

一方水土

⊕ 形胜之地，四通八达，历史悠久

滑县位于河南省东北部，区域广袤，历史悠久，亘古之地，代有变更。东与濮阳为邻，西与延津、浚县毗连，南与长垣、封丘为界，北与浚县、内黄接壤。从更宽阔的地域观察，它置身河南、河北、山西和山东之间，属于四省交界之处，而且右濒黄河，左临卫水，堪称形胜之地。滑县历史源远流长，历经沧桑之变。

上古时代，黄帝之孙颛顼便在滑县境东北70里的土山村建都；秦汉时此地称做白马县；隋时称滑州；南宋期间由山东所辖；

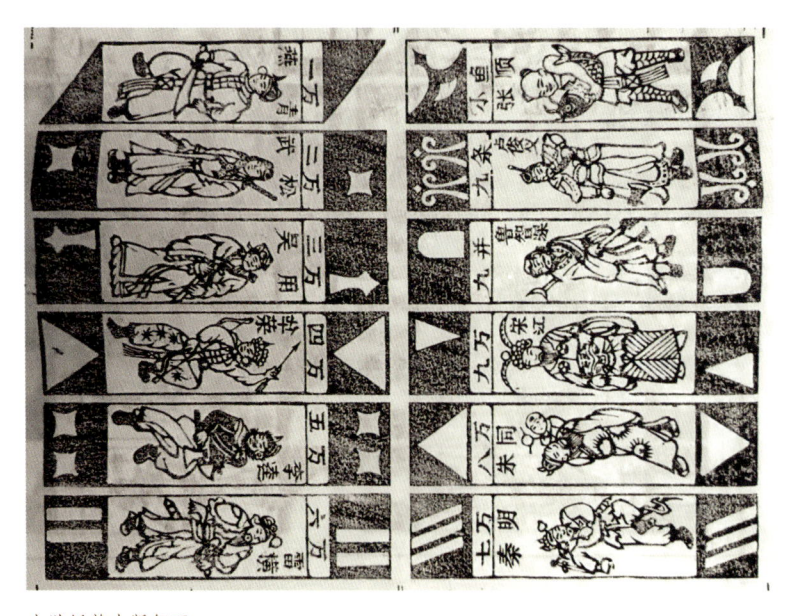

水浒纸牌木版年画

明代又属直隶；直至1952年，滑县复归河南省。数千年来，滑县在中原一角默默地见证着中华民族的发展与变迁，孕育出灿烂的华夏文明；滑县木版年画正是在这样的历史和文化的母体中生长起来的。

文殊菩萨雕版

◈ 四季分明，农闲时间充裕

滑县处在暖温带大陆性季风气候区。四季分明，雨量集中，日照充足，草木丰盛，农耕生产和畜牧养殖是这片中原大地的主要劳作方式。夏日炎热，冬日寒冷，漫长的农闲便给年画制作提供了充裕的时间。

◈ 年画作坊林立，起源最早的是李方屯村

在历史上，滑县的年画作坊散布四乡，甚至外县，但其核心的年画产地在慈周寨乡。该乡位于县境东南部，其历史可以远溯至隋朝大业年间。境内面积64.5平方千米，所辖自然村38个。但滑县年画的起源却是在该乡南部与长垣县接壤的一个普普通通却不凡的小村——李方屯村。

线条强劲、有力的滑县木版年画

李方屯，一个深藏在草莽之间的古村落。地处无数次被洪水吞噬的黄河故道，还夹峙于冀、鲁、豫之间。如今归属于豫北的滑县。

长久以来，人们一直没把李方屯看得太重要，连十年前出版的《滑县志》里也找不到有关李方屯的内容。自古以来，这里的人和周围的乡村没有两样，只是过年时会有些卖年画的商贩进入村中。这些商贩用车拉来粮食，换走的是一捆捆有红有绿、五彩缤纷的年画儿。于是，豫北广大地区逢到过年，都会请一张李方屯人印制的神像或者祭祖用的"名义"，挂在堂屋的墙上。

画乡的传说

李方屯因画而名于四方。然而，李方屯缘何成为画乡的呢？

在李方屯有一段人人皆知的传说，这个传说讲的是：明朝时一位来自山西的潦倒的秀才，名叫韩朝英，手艺高超，能刻善画，由于滑县穷困，为生计所迫，遂开创了本地的木版年画。这个传说，主要是赞美那位先人的生命顽强和聪明才智。

能够支持这一传说的依据有二：

其一：《滑县志》（1997年中州古籍出版社）载，明朝"洪武至永乐年间（公元1368—1424年），曾七次自山西洪洞县移民，其数量占当地人口总数十分之三"。韩朝英很有可能就是随同这移民大潮来到滑县李方屯的。其二：在当地人手抄的《家谱》中，第一代便是韩朝英，并被公认为当地木版年画的始祖。如今李方屯，韩姓仍是大姓。据《家谱》记载，自韩朝英至今，已传二十七代。目前，滑县年画的主要的传承人，还是以韩氏家族为主。

虽然这只是一个传说，但也表明李方屯的年画源远流长。

一段历史

在滑县民间年画中，一种神像一旦定型（包括容貌、姿态、衣装、手执法物，以及在画面的位置），便很少再改动。尽管这种应用性神像易损，很难保持太久，但由于神像不能随意改动，乃至创作，所以今天滑县印制的年画，至少还是一二百年以前的老样子。

滑县木版年画在传承中的特点是始终是家庭作坊，不像杨柳青年画雇佣外人打工，而且是前店后坊。滑县年画的家庭作坊有字号，却没有店面。它以家庭传习的方式，代代相传，直至明末清初才一步步壮大。

家庭作坊开始于韩朝英的后人韩继斗，他创建了最早的"同盛合"职业性画庄，并将画庄延续到第二十三代传人韩清林（1860—1947），便成为滑县李方屯木版年画中的核心力量。

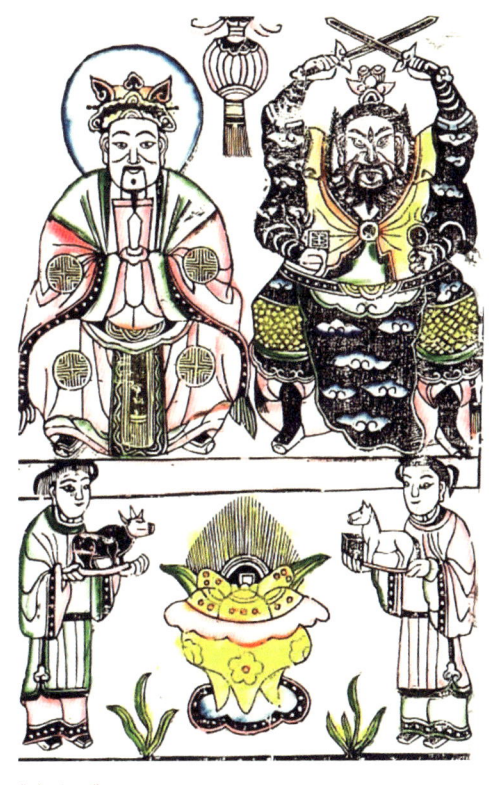

《牛马王》

由清末至民国，滑县木版年画业达到整体兴盛，在艺人韩玉林时期，从"同盛合"老字号画庄又分出了"美盛合"，继续发展了韩氏木版年画制作的手艺。其孙韩自然，更是青出于蓝，不仅继承祖辈家业，更独自创立了"万顺祥"新画庄。韩自然经营的"万顺祥"作坊，民国时期便在当地非常有名（现今仍保留了百年老作坊旧址)。同期，这个家族的另外一支——韩月林和韩会林两兄弟成立了"天顺公"年画作坊，与其他两支鼎足而立，成为这一产地重要的支柱。

从中华民国至中华人民共和国成立期间，由于战火连绵，经济萧条，木版年画的制作生产受到很大的冲击。中华人民共和国成立后，尤其在20世纪60年代，渐渐增长的社会需求给当地艺人和村民极大的鼓舞，木版年画的需求和创作在这一时期达到了巅峰。当时出现了一大批反映时代新风尚的木版年画，如《和平胜利》《和平鸽》《新社会》等，加之传统题材的老版新翻刻，几乎家家都在忙于木版年画制作。当时人口约四百人的前李方屯二村韩姓家族，就有三十多家作坊，两百多人制作木版年画。

后来，韩心彩、韩清亮、刘永祥不仅成立了专门制作扇面的画店"滑邑益丰组扇庄"，刘永祥还创建了"清源刘"画店，专门从事木版画的生产制作。这一时期，从创作、生产到销售各方面都算得上兴旺。村中不但有几家规模大、有字号的画庄，还有一些以家庭为单位的印画作坊。他们的木版年画，远销东北、西北等地。

《朱砂判》

《五像》(玉皇、送子观音、关公、田祖和比干)

一袭传统

滑县年画的题材种类多种多样，其内容不仅与当地的民俗文化联系密切，同时贴近生活，充分反映了民间大众生活中的需要，形成了特定的文化风格和文化象征。

祈福迎祥、避邪保平安

神像年画，在滑县年画中得到了最充分表现，很少有像李方屯这样如此痴爱和致力于神像年画的印制。据普查资料显示，仅关于神像的画版就超过四百块。画面大大小小，尺幅众多，神像种类丰繁，复经排列组合，极其繁复与缤纷。这样一个宏大的神佛群体，若非积淀数百年文化生活，恐难形成。

神像画大致有如下题材：《文财神》《武财神》《南海观音》《保家仙》《牛马王》《老君》《鲁班》《张天师》《南天门灶》《七十二全神》《七十九全神》《八十七全神》等，其中尤以《五像》《全神图》和《田祖》为当地特色。

《南海观音》

《文武财神》

❀ 追思先故、传宗接代

"祖宗轴"在当地俗称"名义",是当地年画的三大种类(神像、"祖宗轴"、扇面画)之一。与其他年画一样,都是张贴于过年之时,但"祖宗轴"并没有装饰节日的功能,主要用于祭拜祖先、家族团聚,是敬祖文化的轴画形式。

《祖宗轴》是滑县年画众多题材之一,本地人为了表达对祖先的怀念与敬仰,过年时悬挂并祭拜。其画面上一排排长方形空格的"格栏",是用来书写长辈的名字和辈分,有族谱的意义。滑县的《祖宗轴》年画,不仅鲜明地反映了本地人的人生情感及家族观念,还反映了本地人丰富多彩的民俗风情,极具个性。然而,距滑县年画产地最近的朱仙镇年画,却几乎没有《祖宗轴》这种年画形式。

《五像》

《秦琼叫门》

《杨家将》

❖ 小说戏曲、神话传说，喜闻乐见

　　老百姓喜闻乐见的戏曲故事是滑县年画中主要的生活题材，多用于扇面上，很少用于室内的墙上。扇面虽不是过年的用品，却是年画作坊的一种主要木版制品，属于木版年画的外延，故也列入普查范畴。代表作有《周公问礼》《秦琼叫门》《金蟾吹笙》《劈山救母》《罗成招亲》《孙膑看桃》《斩皇袍》《反徐州》《龙虎斗》《西游记》《杨家将》《张良吹玉箫》《收姜维》等。

❀ 山水花卉、祥禽瑞兽别有特色

山水花卉、祥禽瑞兽题材在滑县年画中的表现也别有特色，尤其是山水画的表现，多通过印制的墨线加上手绘的方式来完成。画风模仿文人的山水画，甚至有的画面直接书写"仿南田老人笔法"，可能与其多用在扇面上有关。主要刻画风光、田园、农民俗生活和生产的场景。

❀ 源于生活，服务现实生活

中华人民共和国成立后李方屯创作了一些新的年画题材，数量虽不大，却使其延续下来。内容涉及军民一家、和平鸽、知青上山下乡、新文化运动等。这些题材一方面强化了木版年画的表现力，也表现了滑县木版年画顽强的生存意识。

❀ 装饰屋舍

文字比起画面来更能直接有力地体现人的精神愿望。我国是雕版印刷古国，在雕刻文字上有丰富的经验和深远的传统，这传统深深地扎根于民间。然而，像滑县这样热衷于文字对联的却不多。而这些对联主要是配在画幅（画轴）的左右，有的画面上还加上横批。字画一体，美观大气，这给李方屯的年画增添了别样的色彩。从《花鸟对联》《组字对联》，到难以辨认的《谜字对联》，还有满族文字的年画更给该地年画赋予了独特的意味。

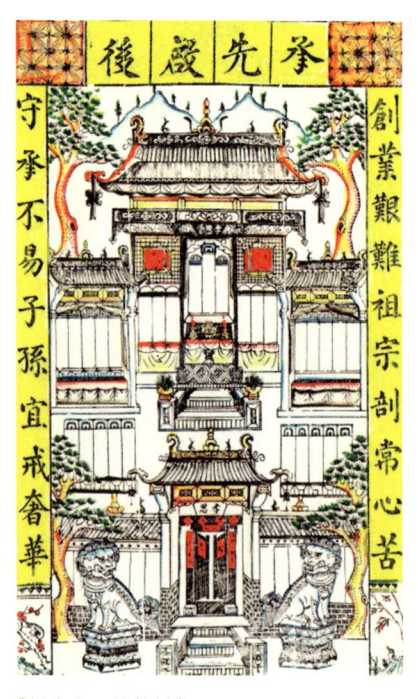

《捌名义　松柏树》

据《滑县志》记载："《唐六帖》云：正月一日选桃符著户。今之滑俗，农历正月初一，家家户户对联门画一新。"

对联、门画是过去李方屯过年中一项重要的庆贺方式，现在只有为数不多的人还沿袭这样的习俗，而且随着印刷科技的日新月异和人们思想观念的转变，手工印制对联和门画的民间艺术形式正在逐渐淡出民众的视野，取而代之的是印刷精美却毫无生气的机印门画和对联。

可以说，滑县的年画题材与当地文化紧密相连。此外，这里的祖宗轴经过漫长的发展，至今仍在当地和周边地区长盛不衰，这与今天大批民间艺术面临消亡困境的局面大相径庭，是一种非常值得研究的社会文化现象。

連年有餘

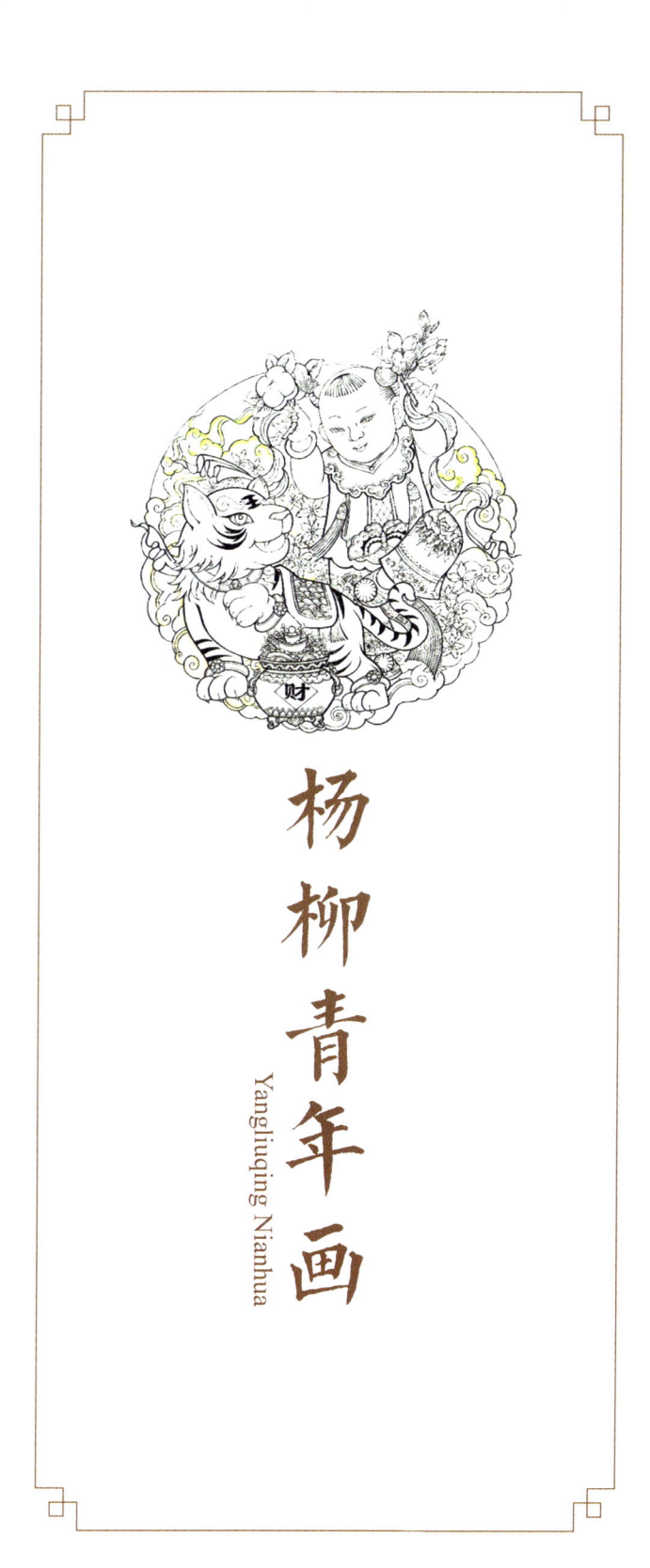

杨柳青年画
Yangliuqing Nianhua

一件作品

　　杨柳青年画是中国年画艺术的代表，在中国民间文化和天津文化发展史上占有重要的地位。这两幅门神年画的主人公不是神荼、郁垒，而是唐代的开国元勋秦琼和尉迟恭，秦琼字叔宝，尉迟恭字敬德，都是有名的将领。

　　相传，有一段时间，唐太宗李世民夜里经常做噩梦，常在半夜三更时听到鬼叫，还因此生病。秦琼知道此事后，奏请唐太宗允准他和尉迟恭戎装执剑，立于门外伺护。当夜，李世民安然入睡。于是，李世民命画工绘二将于拱门，来镇压邪祟，后世尊二将为门神。后来这件事又流传到了民间，平民百姓将两位门神的画像贴到大门来镇邪。秦琼被画成白脸，尉迟恭被画成黑脸，都是威风凛凛，咄咄逼人，令鬼魅邪物望而生畏。这幅门神像是杨柳青木版年画的代表作品，特色鲜明，有很高的艺术成就。

《秦琼与尉迟敬德》

《鱼水千年合》

❀ 体裁多样，题材丰富

杨柳青木版年画深受大众喜爱，并享有较高的社会声誉。它的体裁品种与其他地区的年画相比更为丰富，大致可分为贡尖、板屏、条幅、屏对、横三裁、竖三裁、炕围、门画、历画、灯画、斗方、缸鱼、窗花纸、格景、选仙图、洋片等。

另外，杨柳青木版年画应对困境，派生新画种的能力非凡。清嘉庆四年，太上皇（乾隆）驾崩，在"断国孝"的"圣谕"中要求年画一律不准染有红紫诸色。为了生存，艺人们便创出"散蓝"色调的年画品种，后成为民间"服制"人家通用的素彩年画，这无疑丰富了杨柳青木版年画的体裁。

在题材方面，杨柳青木版年画的大类就有戏出、历史故事、时样节景、朝衣大像、财迷样、吉祥富贵图样等。每大类里又分小类，小类里又有年画若干种，如渔樵耕读、士农工商、三教九流，历史故事中的功臣良将、游侠剑客、孝子烈女、僧道神佛，以及名山胜迹、珍禽异兽、花草虫鱼等，无所不包。

◉ 概括夸张，象征寓意

杨柳青木版年画的重要特征之一，是善于强化主题，调动多种手法予以表现，如《渔家乐》，偌大的横幅上，岸畔几株翠柳，十来个人物，五人聚餐弹唱，一人买菜沽酒，二人背篓扛竿谈笑返回，岸边一渔妇在泊舟上哄娃晒衣，远处两小舟上四人棹船撒网。并不复杂的画面，把渔家生活的全过程表现得淋漓尽致。

杨柳青木版年画的夸张手法，更是运用自如，其代表作《莲年有余》，娃娃怀中抱着的红色金鱼，色彩异常艳丽，且超过人的比例，主题此得以强化、升华，美感油然而生。在杨柳青木版年画中，象征和寓意往往和概括、夸张结合并用。如《福善吉庆》，就是由蝙蝠（福）、扇子（善）、戟（吉）、磬（庆）组成的画面来谐音象征的。

《莲年有余》

◉ 构图完善，造型秀美

画面构图完善、人物造型秀美，是杨柳青木版年画的又一重要艺术特征。如《李逵负荆》这幅画在构图上，运用"真、假、虚、实、宾、主、聚、散"八个字诀，采取了对称的形式，正中坐着的宋江并不是主要人物，故把他放在

《李逵负荆》

第二排，而顾大嫂、孙二娘、柴进、李忠等都是副角，就把他们放在画间的两端；最主要人物李逵则放在中线的右边最前面，刘太公父女也是重要角色，也被放在第一排，好像戏出中的一幕，角色位置，主次分明。

最引人注目的，就是第一排前三个重要人物，这三个人物的表情比第三排的吴用、公孙胜要生动得多，宾主身份因而也就更加明确、易于辨认了。其次是人物站立的位置，不是排成一行，而是四人一组，两人一行，很有韵律感，也就是有聚有散。这种对称的形式，既烘托了梁山泊的宏伟壮观，又符合了故事中"负荆请罪"的严肃场景，可以说十分完美。

在人物造型上，杨柳青木版年画的手工艺人追求在符合人物身份的基础上各尽其美，总结了一整套的人物造型口诀，如"画将无脖颈，画女削肩膀。佛容要秀丽，神像须伟壮。仙贤意思淡，美人要修长。文人如颗钉，武夫势如弓"。还有画美人口诀："鼻如胆，瓜子脸，樱桃小口蚂蚁眼；慢步走，勿分手，要笑千万莫张口。"画娃娃口诀："短胳臂短腿大脑壳，小鼻子大眼没有脖，鼻子眉眼一块凑，千万别把骨头露。"刻画的人物造型栩栩如生、出神入化。

《仕女春游》

◈ 色彩鲜艳，装饰性强

  色彩艳丽、装饰性强是杨柳青木版年画的首要特征。色彩上主要体现在杨柳青木版年画的基色，都是以红、黄、绿、蓝、粉为大色块套印，然后再加手绘精作。大色块有强烈的装饰画特色，使整个画面呈红火热烈喜庆的主调。而在手绘工艺上，注重重彩深描，又强化了装饰色彩。如《金瓜武门神》和《财神像》上的堆金沥粉，连衣上花纹、佩戴饰物、背景图案都描绘精细，虽有疏密、浓淡、轻重之别，但装饰之味特别浓郁。

  杨柳青木版年画还特别发展了装饰性年画。这类年画虽早有所见，但清代末期印制更多。其题材喜庆吉祥、构图精美、着色鲜艳可爱，如《富贵平安》。

《金瓜武门神》

《富贵平安》

杨柳青年画　　107

图文互补，深化主题

杨柳青木版年画的历代画师们在创作年画时，为了补充和丰富画面、阐释主题，并以题款的方式在画面上留下了大量的文字资料，这是杨柳青木版年画区别于其他年画的突出的艺术特征。这些题款文字每幅年画都有，简单的只题写上画的标题或名称，复杂一些的在题完标题或名称之后，还要对画意和主题加以说明和引申，或诗赋歌谣，或白文叙述，或人物对话，与画面图景相映成趣，从而赋予年画以更深刻的思想性和艺术性。

更有趣的是，这些题款文字本身就是一种艺术品，不仅仅是画意的说明和主题的深化，更是画师们书法才艺的展示和文学艺术的再创作。这些题款文字大致可分为画题类、诗词类、歌谣类、白文叙述类、人物对话类等，如《庆赏元宵》。

《庆赏元宵》

一位有缘人

在杨柳青木版年画的众多画店当中,"义成永"是南赵庄独一无二的老字号,至今已经有一百多年的历史,最重要的是,"义成永"藏有老画版百余件,数量和质量上都堪称私家收藏之最。"义成永"画店的第八代传人杨鹏说:"当时杨永兴所继承的画版有千余块之多,杨永义之子杨克勤在北京打磨厂东口开设杨正记画店,销售年画,吸引了全国各地画商,买卖兴隆。"

义成永年画传承人杨仲民先生手持雕刻复原后的《鱼献吉祥红蝠进宝》画版

吉祥进福(残),清代版,贡尖,纵56厘米,横31厘米

吉祥进福(残),清代版,贡尖,纵56厘米,横31厘米

佚名娃娃(残),清代版,贡尖,纵55厘米,横37厘米

杨柳青年画　　109

杨鹏于1985年生于天津,是"义成永"画店杨氏家族第六代传人杨立仁的长孙,也是杨柳青年画"义成永"画店继承人。杨鹏从小在爷爷、奶奶的艺术熏陶下,5岁就开始学画,从此与画画结下了不解之缘。杨鹏在《画缘》的开头这样写道:"祖辈辉煌的画史,现在家庭中氤氲不散的画脉,天赐般的我生命的画缘,无一不在完善着我,仿佛有一股神奇的力量在推着我。我觉得中国画的魅力浸染了我的生命,就在笔墨溢香里使我览尽人间万象。"

画店第八代传人杨鹏

　　杨鹏先后师从王怀礼、房荫枫两位老师,曾在天津美术学院进修,并取得了天津美术学院国画专业的硕士学位。他注重年画的传承和创新,先后受聘于天津广播电视大学西青分校、天津市北辰区普育学校、天津市河西名都小学、天津市西青区辛口小学,担任非遗项目杨柳青年画课程的传承与教学工作。目前在天津美术学院美术馆工作,并担任杨柳青年画业协会副会长、天津市西青区青年联合会委员。

杨鹏与创作的年画

　　杨鹏于2013—2020年先后在天津美术学院美术馆、天津市图书馆、中央美术学院图书馆、上海图书馆、中国美术馆、加拿大皇家安大略博物馆、新加坡侨福当代美术馆、伊朗德黑兰霍梅尼大清真寺、日本东京中国文化中心举办展览，作品多次获奖并被海内外机构和个人收藏。

　　另外，面对年画的创新，杨鹏有着自己独特的想法，他说："现在很多人喜欢谈创新，但是我觉得创新之前必须要把守正作为基础。木版年画不仅是一门技艺，也是一门学问，我们家'抢救性收藏'了这些珍贵的画版，我宁愿先把它研究透了，再考虑如何进行艺术上的提升和事业上的发展。"

　　在继承中发展是杨鹏心中的标尺，作为80后青年画家，杨鹏在创作中虽然敢于创新，但是在传承"义成永"年画上，他却"一刀、一笔、一色"都不敢改变，"原汁原味"正是他所遵循的原则。

一门手艺

杨柳青木版年画工序复杂，工艺独特，其技术方法多以"口诀"形式秘传后人，"画诀"和"底样"是民间艺匠唯一的理论依据和制作范本。一幅年画制作的完成，一般需要"勾、刻、印、画、裱"五道程序。

勾

勾是指勾描画稿。一幅画稿的形成，经过构思、起草、修改、定稿后，画师要按照定稿画出"墨线"。"墨线"图犹如一幅木刻，人物、背景、陈设等场景，一目了然。这一步骤的关键是构思，要认真遵循"真、假、虚、实、宾、主、聚、散"的"八项原则"，还要构筑好"四梁八柱"。"四梁"是指与年画相关联的年代、地点、人物、事件；"八柱"是指眼、横、锁、扣、拨、插、冠、带。只有这样，才能实现"画中要有戏，百看才不腻"，"人品要俊秀，能得人欢喜"，如《空城计》《白蛇传》。

《空城计》

《鱼献吉祥　红蝠进宝》

❖ 刻

  刻是指年画制版，也称"雕版"或"刻版"。刻包括过稿和雕刻两部分。过稿是为雕刻做准备，把用绵连纸画好的"墨线"反贴在杜梨木制成的木板上，用毛刷在纸背上打、压，让纸和板紧密粘连。干透以后，用木贼草将上层纸膜擦去，

杨鹏正在雕刻《福寿仙官》画版

便可以清楚地看到附着在板子上的画稿。不清晰处可用墨重新勾勒，并在墨迹全干后在板子上薄薄地涂一层淡蓝或浅绿色，以便露出雕刻刀痕。

  雕刻是用不同的刻刀、不同的刀法雕刻板子上的墨线。先刻内线，再刻外线。从细部入手，下刀前深思熟虑，下刀后一气呵成。除刻线版，每幅画还要刻浅墨、蓝、红、黄、赭等3~5色套版。

杨柳青年画

◈ 印

　　印是指在雕刻好的画版上"刷画坯子"。印包括单印墨线和套色印刷。印墨线时，将需要印刷的墨线版平放在印画案子上，用刷子蘸取适量墨汁，以顺时针圆圈状均匀地刷在墨线版上。然后，把纸卡在距离适当的位置，再翻纸于版上，用刷子在纸上匀称敷平，让墨迹充分印在纸上后取下。

　　套印是将需要印刷的颜色版放置在印画案子上，通过摸版使色版和待印画样的相应位置对齐，用刷子将颜色均匀地刷在色版上，左手将画样覆于色版上，右手用趟子将纸来回抚平，相应的图案即可套印于画样上。这样印好画面的纸叫作"画坯子"，然后再刷印套色版。

棕榈树树皮纤维制作的刷子

棕榈树树皮纤维制作的趟子

用刷子将墨汁刷在墨线板上

套印过程

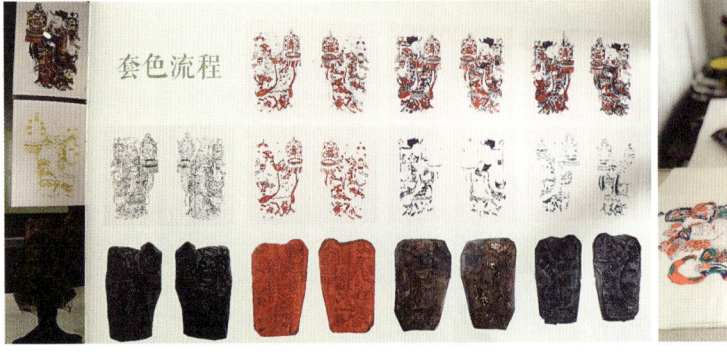

❖ 画

　　画是指在"画坯子"上进行手工绘制。手工绘制分为粗活、细活、二细子（活）三种。粗活只需要大面积刷染，又称为"卫抹子"。细活为工笔细描，也是杨柳青木版年画制作中最复杂、最细致的一道工序。将所有画坯竖向贴于"画门子"上，这也是杨柳青年画彩绘技法的一个显著特点。这样画面中多数的横线条都变成竖线条，画师更容易行笔绘制。首先把"画坯子"横向裱在"画门子"上，画师一手持有数支蘸色不同、大小不一的画笔和一支"水笔"，另一只手绘画。根据不同的画面内容，绘制技法、顺序各有不同。

用趟子印画

　　"画门子"也是杨柳青年画艺人的一大创造。据说一开始的时候，年画并不是在"画门子"上画，而是在墙上画的，可是一旦画多了，屋里就没有这么多的墙壁可用，这

画门子

时艺人们就拿着画在屋里屋外转悠，突然看见门闲着，就贴在门上继续画。等家里的门也不够用的时候，就有聪明的艺人把多扇门板合在一起共用一个门柱，制成了"画门子"，这样就可以贴更多的画了。

　　如娃娃仕女的"粉脸"工艺，就需要大约十五道工序：打粉底、染脸、勾脸、烘脸、罩粉、出相子、点眼睛、开浓眉、开薄眼、蓝头皮、蓝眼睛、点嘴、开嘴、烘嘴、打黑头，以上工序依次进行，全然不可前后颠倒。

《莲年有余》

《金玉满堂》

⊕ 裱

  裱指将制作完成的年画装裱起来。杨柳青木版年画的装裱方法与一般字画装裱相同，一般分为托裱、画轴、镜心、册页等。也有一些大众普及品不需要装裱而直接张贴的。

《连生贵子　玉堂富贵》

一方水土

杨柳青镇位于天津市西部郊区，是南运河、子牙河、大清河三河流经交汇之处，各水系在这里交汇进海河流入渤海。历史上它曾是大运河连接南北东西的重要漕运枢纽码头，以及物资交流的集散地。明代称它为"古柳口"，因盛产杨柳得名，自古风光优美，水运发达，有北方"小苏杭"之称。杨柳青年画据传始于明代万历年间，盛于清代中叶。从业者甚多，有"家家都会点染，户户皆善丹青"之誉。

杨柳青自金代建镇以来，历经元、明、清、民国数代至今，见证了近千年的沧桑巨变。诸多因素，推动了杨柳青木版年画的形成和发展。

版材杜梨木的盛产

杨柳青木版年画形成的条件之一是盛产杜梨木。北宋景德至元丰年间，黄河决口，境内的河道湖泊会流东下，于是宋兵沿河

梨木雕版

界建立起"河派防线",种植柳树。除此之外,杨柳青地区"三角淀"地势形成后,土地肥沃,水系发达,非常适于渔猎农耕。

自宋代形成聚落后,随着居住者的逐步增多,人们除了从事渔猎采菱、割苇编织,还栽种了大量的梨、枣等树木。其中的杜梨树木质细腻坚硬,比其他地区的其他木质,更适于木版年画的画版雕刻,由此吸引了年画艺人们的注意力,不仅原住居民中的绘画爱好者试着选用杜梨木刻印门神、灶王、钟馗、天师、月宫图之类的神马,逢年过节出售。据验证,几百年来几经天灾兵火、运动浩劫残留下来的杨柳青木版年画古画版,其材质均为杜梨木。可见,杜梨木的盛产,确实为杨柳青木版年画的形成和发展提供了得天独厚的基础条件。

《士农工商庄家忙》

⊕ 市场的繁荣

杨柳青木版年画具有艺术品和商品两重属性,它的形成和发展必须有一个繁荣的市场。繁荣市场的首要条件是人口的稠密和商户的聚集。明清时期的杨柳青既是水乡、码头,也是工商重镇,既是农村,又有小城市的特点,居民们虽多以漕运为生,但士农工商，五行八作，又无所不有。

而在人口方面，明末，烟户（居民）大增，在清代又有发展。据清代道光年间《津门保甲图说》记载杨柳青有"成年人一万六千二百七十口"，儿童"八千八百零三口"，共计两万五千零七十三人。当时，一个乡镇有这样多的铺户和人口，加之漕运的发达和南北物资集散地的形成，住商、行商、过客等流动人口大量增加，其街道的繁荣景象是不难想见的。人口的广泛聚集与繁荣市场的形成，为杨柳青木版年画商品性功能的体现提供了广阔的天地。

交通的发达

交通运输业的发达，是杨柳青木版年画形成和发展的又一要因。明清时期的杨柳青，具有发达的航道水运资源：一是京杭运河中的南运河段，有8.45千米流经杨柳青；二是位于杨柳青镇北1千米处的子牙河航道，从静海流经第六埠村至天津与北运河汇合入海河；三是大清河航道，于镇西第六埠村并入子牙河，经杨柳青达于天津进海。特别是"南运河是历代王朝主要运粮河道，它贯穿杨柳青镇区，使杨柳青镇成为漕运的必经之地"，加之其他航道的汇集，杨柳青就成了东西南北漕运交汇的重要码头。

中国年画研究专家王树村在《杨柳青木版年画兴衰概谈》中说：明代杨柳青之繁荣已与漕运有关。因北京官用粮米多赖南粮北调，元朝时海上运输发达，运河为辅；明代因海上倭寇猖獗，改以运河漕船运粮为主。

再据《杨柳青镇志》记载：随着年画声誉的提高，销路扩大，每年秋季为销售旺期，渐向五河（大清、子牙、南运、北运、蓟运诸河）口岸货船批发，远销河北广大农村，并向北京、内蒙古及关东等地区扩散。不难看出，杨柳青水路运输的繁荣确实给杨柳青木版年画的制作、销售带来了无限的生机。

古艺的传承

据王树村先生推论，中国年画艺术的形成和发展，应"源起于唐代历本和佛图"，"年画艺术为满足众多普通百姓新年装饰屋宅所需，曾以雕版刷印为主，故与古代雕版刷印佛图版画、文字历书等不可分割"。北宋以前，四川民间已有雕版刷印画作的文字记载了。

我国民俗习惯是每到新年须更换一次新年画，以示除旧迎新、去灾纳福。任何传统文化的遗存，都是从古到今代代传承、不断创新发展的结果。就年画艺术而言，从宋代定型以后，历经元、明、清和民国几个朝代近千年漫长历史的承传，加上不同时期社会政治、经济、文化等因素的影响，必然会不断呈现出新的内容和新的面貌。但各大品种木版年画，都有一个共同之处：即把神马作为年画制售的基本内容。这一点正是宋代年画承传的痕迹。

《单座灶王》　　　　　　《单座灶王》（老版新绘）

画师的迁入

杨柳青木版年画的形成和发展，有一个不可忽视的重要因素，即外地画师暨年画世家的迁入。杨柳青木版年画兴于明、盛于清，这正是年画世家戴氏、齐氏先后迁入的时期。

据《杨柳青镇志》记载：戴氏先人自明永乐年间，携画艺从江南随漕船北上，至杨柳青经营木版年画。到民国时期，戴廉增敬记画店停业，共传19代，历时500年。戴廉增作为戴氏第9代传人，于乾隆中期首创"戴廉增画店"，并在年画左下角加印"戴廉增"字样，时为杨柳青规模最大、年画品种最多的画店。

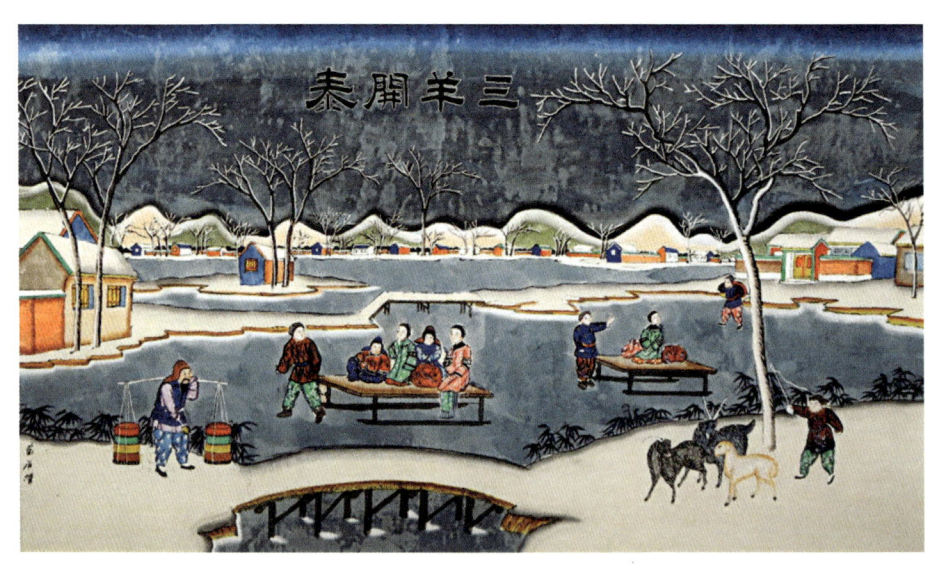

《三羊开泰》

一段历史

天津杨柳青是中国最著名的木版年画产地之一。杨柳青年画据传始于明代万历年间，盛于清代中叶。杨柳青年画题材广泛，内容多样，多表现了劳动人民对美好生活的向往，充满了浓厚的生活气息，并具有鲜明的地方特色。制作上采用了印绘结合的方式，受到北方版画艺术和院体工笔重彩绘画的影响，具有精巧细腻、明丽典雅的艺术风格。

杨柳青年画题材的一大种类便是娃娃。这些娃娃体态丰腴、活泼可爱。他们或手持莲花；或怀抱鲤鱼，都象征吉祥美好，非常惹人喜爱。国家非常重视对非物质文化遗产的保护，2007年6月8日，天津杨柳青画社获得国家文化部颁布的首届文化遗产日奖。

义成永鲤鱼娃娃年画

杨柳青年画的主要产地，除了杨柳青镇之外，南三十六村也是举足轻重的年画原产地和集散地，"尽管在历史上它的地位一直处于劣势，但就盛期的画业规模而言，杨柳青镇与南三十六村是两个实力相当的年画中心"。

20世纪90年代，杨柳青本地学者张茂之先生最早系统地调查了"南乡"的画业情况，所作《杨柳青南三十六村画业兴衰史略》称："杨柳青年画的振兴，给镇南三十六村带来生机，清道光年间，年画作坊、画店和从事年画加工的画工如雨后春笋，顿时出现在南三十六村。"

在"关于南三十六村的画业史"一节中，张先生简略的记述了"义成永"的历史：

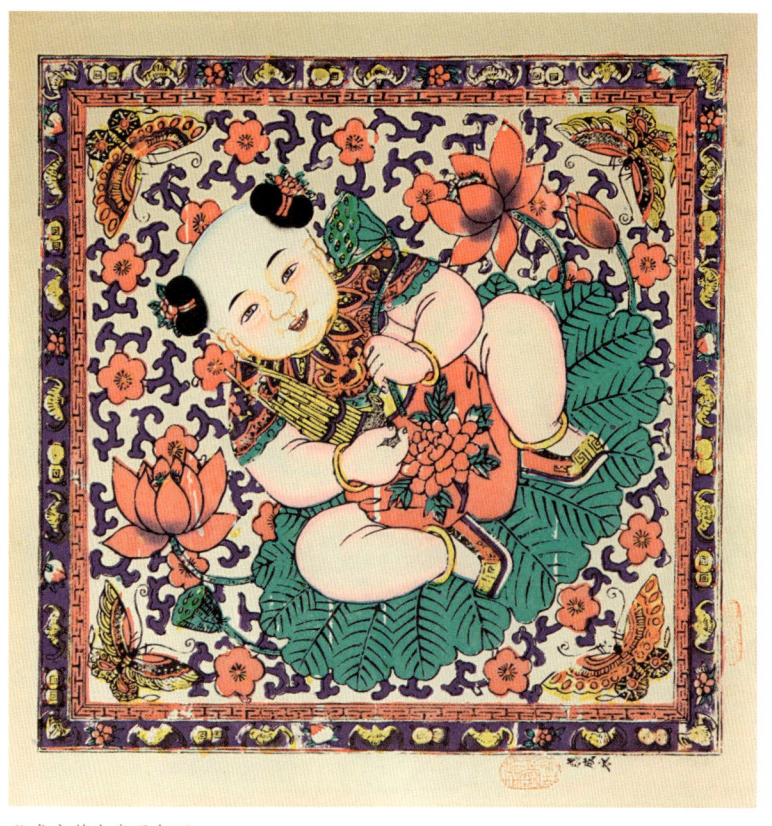

义成永莲生贵子年画

"义成永是南赵庄独一无二的画作坊。清朝光绪年间由杨永义、杨永成、杨永兴兄弟三人合伙经营。其规模之大,产品之精,驰名全国。从前过春节,北京城各大门楼贴的巨幅门神多是义成永年画作坊加工制作。其规格是5尺×8尺,画纸是拼合的,画版也是拼合的,制作费时费力,当然价钱也昂贵得多。

"民国初年,杨氏三兄弟分家,各立门户。义成永画作坊落到杨永兴名下,他继承千余块画版,继续经营年画作坊。

"民国中期,杨永兴之子杨立仁继承父业,经营义成永画作坊。画些东海娘娘、海大子(各种海神)。这些是航海人信奉的迷信品,一直畅销沿海地区。

"中华人民共和国成立后,作坊解体。杨立仁只作些小规模经营。1966年'文化大革命'开始,扫'四旧'的红卫兵抄走了他家千余块画版,昔日印巨幅门神的大画版拿到海河工地做跳板使用,只有一块八仙人画版幸存,那些精细珍贵的画版都荡然无存了。"

这是目前所见到的最早的有关"义成永"的所有记述。其后的研究,大约都是以此为基础的。

一袭传统

杨柳青既是千年古镇,又是漕运码头,历史悠久,积淀深厚,交通四通发达,往来便利,这里的民风淳朴、炽烈,年俗氛围十分浓郁。

而杨柳青木版年画,正是因当地的年俗而生,因当地的民俗而发展,集中体现了人民群众的喜怒哀乐,与百姓生活息息相关。

一进腊月,杨柳青镇上的年味便扑面而来:年货集市开张,衣帽鞋袜、大鱼大肉、干鲜果品、米面调料、年画春联、窗花吊钱、灯笼爆竹等各种年货应有尽有。腊八是过年的入口,这一天人们要吃腊八粥,并开始"忙年":一是扫房。家家户户、屋里屋外、翻箱倒柜,都要清扫得干干净净。特别是那些贴了一年的旧年画、旧墙围,都必须撤掉,借以把旧年的晦气和不如意都

《执瓜门神》

《贺新年放鞭炮》

随之赶走。二是购置年货。杀猪宰羊，买米买面，请神马，买年画，写春联，置新衣，购买鞭炮、花灯、吊钱、窗花等一应过年用品。

"腊月二十三，灶王爷上天"，"糖瓜祭灶，新年来到"。腊月二十三这天，家家蒸年糕、摆糖瓜儿，把供奉了一年的灶王像，祭拜后焚烧，燃放鞭炮，恭送其回天庭陈述人间事象。之所以用年糕和糖瓜来祭祀，其意就是粘住其嘴，让他"上天言好事，回宫降吉祥"。祭灶是过小年，从这一天起，过年就进入了倒计时。平日里的窝头咸菜、粗茶淡饭开始更换成大米白面和荤腥菜肴。之后开始糊窗户，贴年画，布置装饰房屋。经过一番打扫刷洗，擦抹得镜明几净的家具摆设，加上贴满屋子的年画，亮亮堂堂，一派新气象。再就是炖肉、煮鸡、炸素食、蒸馒头、蒸年糕、蒸花糕，准备过年除旧迎新的祭祀供品等。并且，蒸的馒头等主食。贮存起来，一直吃到正月末，谓之"万年粮"，寓期盼丰收之意。腊月二十九，开始张贴春联、窗花、吊钱、门神等。

大年三十除夕夜，人们过年的情绪渐入高潮：放鞭炮，挂彩灯，门神、灶王、全神大纸、财神、平安马、天地牌等一应神马全部供奉到位，神龛上摆满各式素食供品，气氛隆重而热烈。家

杨柳青年画　　127

《过新年》

家户户开始吃年夜饭、团圆饭，儿童打灯笼放炮，合家守岁。午夜子时，随着"发大纸"，一家人焚香跪拜，辞旧迎新，吃饺子，一夜连双岁，千家万户，鞭炮齐鸣，过年的氛围达到了顶点。

正月初一大拜年，正月初二祭财神；正月初五过破五，各行开业接财神，立春日贴春牛图；初八拜星君，"敬花灯"；初九玉皇诞，祭天公，正月十三祭虫王；正月十五上元节，闹花灯，赛花会，正月十六遛百病，过年的高潮又掀一波，正月二十五"填仓"。过年的风俗一直延续到二月初二龙抬头、春社日，才算完结。

杨柳青木版年画与这些民间风俗紧密相连，为当地年俗而诞生，又为当地年俗存在和发展。

先人靠天吃饭，感恩大自然带来了滋润万物的阳光，他们认为敬天地可风调雨顺。所以过年时他们需要祭祀天地，驱灾避邪，年画有《钟馗打鬼》《门神》等；老百姓想子孙兴旺、福寿绵长，年画有《麒麟送子》《莲生贵子》《金玉满堂》《葫芦万代》《福善吉庆》等；农户们用水缸存水，就出现了《缸鱼》，贴在水缸上方的墙上，鱼儿倒映在水中，活灵活现，寓意吉庆有余。

《庄家忙》

  过去都是土坯盖成的民房，内外墙都是泥抹的，墙体厚窗帮宽，需用白纸裱糊才能白亮，于是"窗条画""炕围画"作为墙体装饰，"东一张，西一张，贴在屋里亮堂堂"，杨柳青是水乡，人们长年打鱼、种莲、养苇、使船，于是有了《莲年有余》《五子夺莲》《戏莲图》《渔家乐》《庄家忙》等。

  由此可见，杨柳青地区的年俗、民俗，才是杨柳青木版年画产生和存在的基础，年画是杨柳青民间生活的反映和体现。

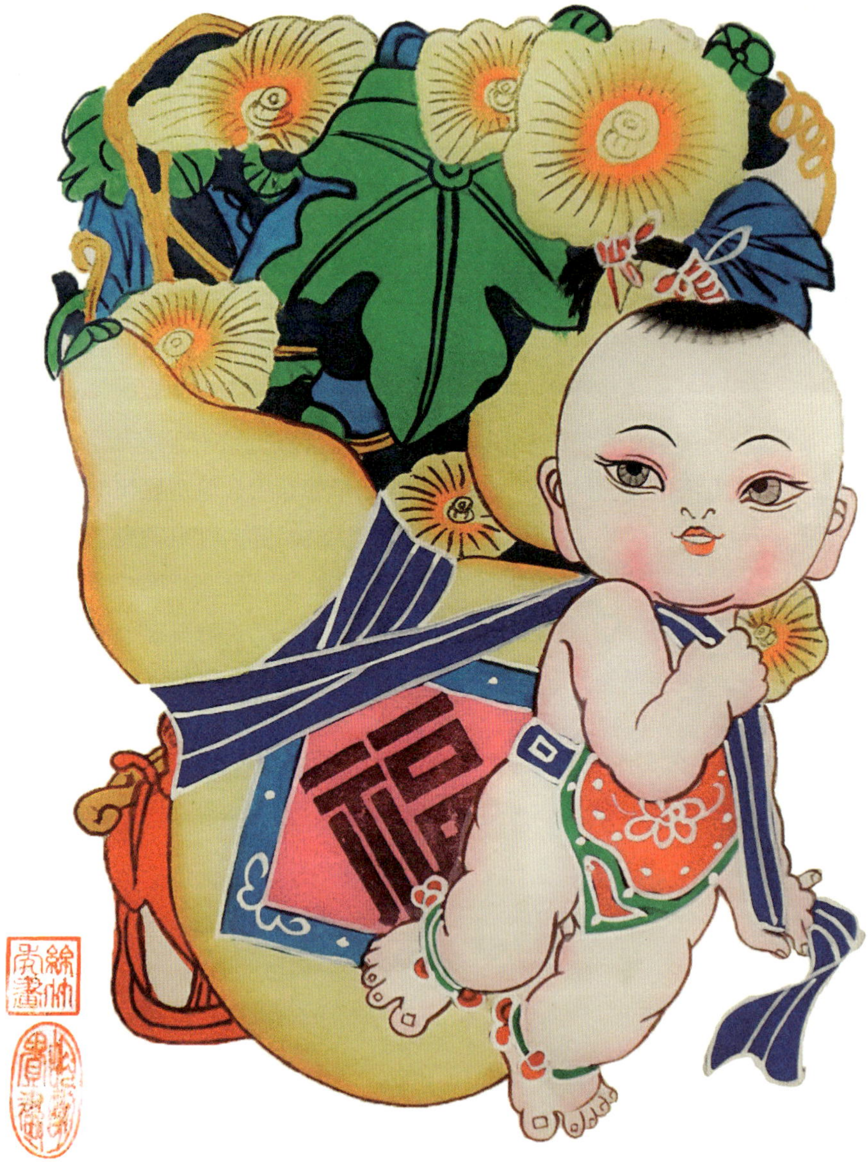
福

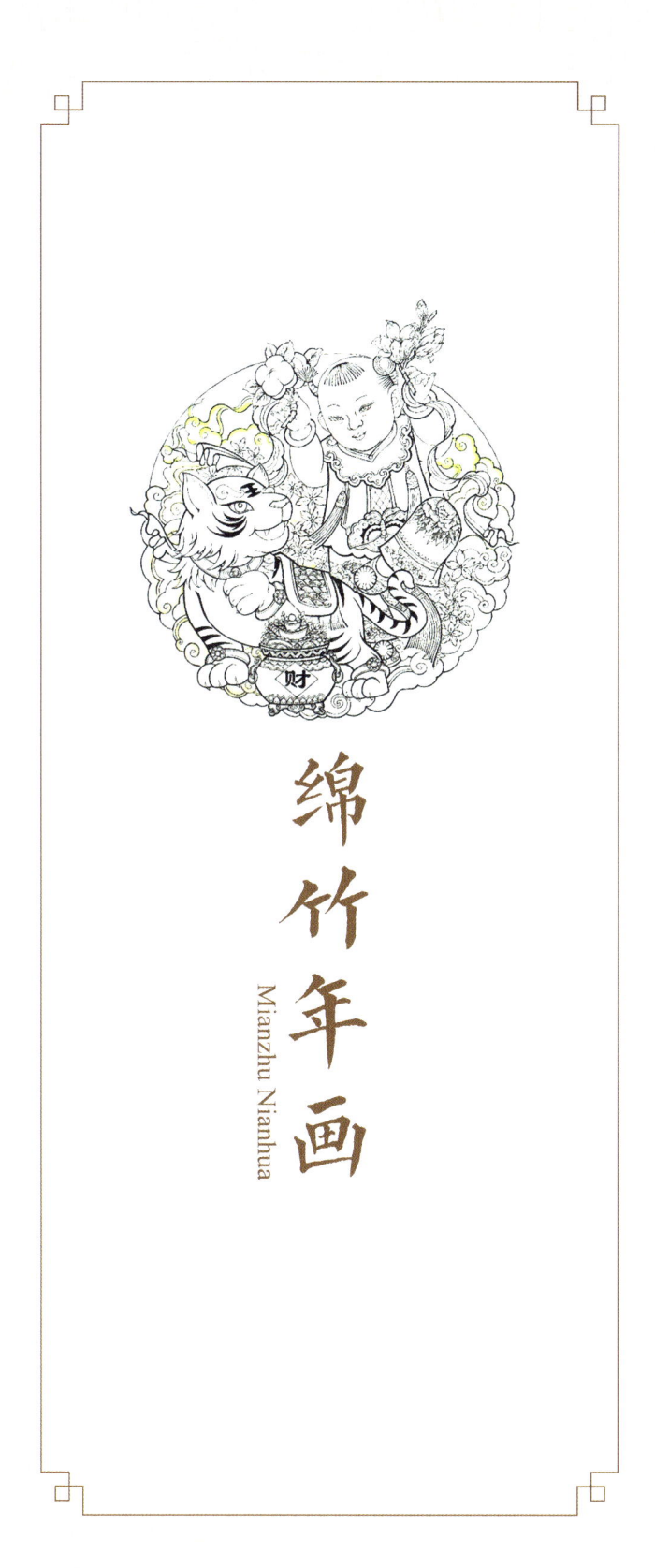

绵竹年画
Mianzhu Nianhua

一件作品

　　绵竹年画是中国四大年画之一，是一种民间绘画艺术，其纸取材于绵竹之竹。绵竹所产竹品种繁多，质纤柔长。年画《文武加官》是一对手工彩绘的大毛，长110厘米，宽65厘米。这对年画中的元素取材于"跳加官"。旧时，在传统戏开场时，会有一人戴面具抱笏，缓步而出，循台三匝，不作一声，被称为"跳加官"，寓意是加官进禄。上图中的加冠，分别是文官帽和武将盔，故称文武加官。

《文武加官》

文武加官还有另一画法，属于"明展明挂"。彩绘中的"展"与"挂"，是一种装饰性的润色手法。所谓"展"，是指用佛青、大红、石绿等颜色，经白色调和后，调出二三个浅色，按同类色由深而浅分层次展开装饰，不过这种展开只用于局部。至于"挂"，指的是以白粉钩线，多在人物头饰、服饰等彩绘的主体花纹部位钩出白线，经过处理的装饰非常醒目。

绵竹年画的特点

绵竹年画在艺术构思上注重对情节和趣味的追求，呈现出活泼俏皮、诙谐幽默的艺术趣味，兼具实用性和趣味性。在内容上，避邪纳福、欢乐吉庆是绵竹年画的主要内容，如《福字童子》。其选材原则是："出口要吉利，才能合人意。"驱邪纳福、吉庆的题材使用最多，不管是历史人物、妇女儿童、民间传奇，还是戏曲故事，甚至武士神像、动物花果，一律都有吉祥的名称和喜庆的内容。

绘画性也是绵竹年画比较重视的方面。与其他民间年画不同的是，绵竹年画的线版主要是用来描

《福字童子》

绘轮廓的，但是画的颜色需要手工上色。然而，不同的手工艺人的审美和技艺都是不同的，所以同一张木刻版印制的年画也就会出现色彩各异的情况。比如，用鸳鸯画人物脸谱，处理人物肌肤部分色彩时，将一种经过处理的扁形齐头的毛笔在笔头蘸上桃红色的颜料，然后熟练地转动笔头形成颜色的浓淡变化，极具生动质感。

《开门大吉》

《辣妹子》

在其他方面，绵竹年画也有自己的独特之处，比如讲求构图的均衡对称、完整饱满和主题鲜明，线条古拙、流畅，人物夸张变形、对比强烈又富于韵律感，色彩艳丽、明快等。

构图

《吉庆有余微笑门神》

绵竹年画为了达到画面更加别致、完整和饱满的艺术特点，画师们在构图方面更注重整体布局，画面上讲究相呼应、主题突出，虚实结合等构图手法。

整体布局的构图高度简练，画面的主体容纳性更高。比如武门神《双扬鞭》中的武士，身躯异常粗壮，几乎将画面占满，排除所有空间。正是这种"不可思议"的艺术处理，画面更显律动感和张力，也加强了武将威武雄壮、咄咄逼人的气势。

以前的房屋建筑的大门多是成双成对的，所以门神画也多为成对的。绵竹年画的装饰性与日常的需要是相适应的。比如在门画《三喜童子》中，为创造全局对称，手工艺人会重视两边人物发饰和服饰的细节处理，力求做出变化，使对称双方能够相互呼应变化，而不是刻板的简单对称，有极强的装饰意味。

绵竹年画中还有一种俗称为"白堂子"的构图方式，一般会略去背景，只呈现出白底。但也不会造成画面的割裂，而是将各个部分更好的联系起来。所以，画面中的人物形象就比较突出，更讲究人物造型。不论是骁勇提刀的武将、托冠举物的文臣，还是拂扇的美女、天真的童子，都着重人物身段的刻画，而舍弃多余的情节。

《立刀门神》

线条

绵竹年画中的形象都要勾勒线条，勾勒出的形象因线条而传神。画中的线条似动非动，给画面增添跳动而不失庄严的艺术美感。

绵竹民间画师总结了一句画诀："流水褶子（指衣纹线条）要活套，铁线褶子要挺直。"这一曲一伸的变化，体现出动静相宜的艺术美感，整个画面既给人轻松的韵律感，又不失艺术的庄重严谨。

《执桃仕女》

《五福临门》

再就"开相"——也就是人物形象的勾画而言，比如男性，不论是老脸（指老人的脸谱）或粉脸（指男女青年、妇女和儿童的脸谱），都讲究眉毛的处理，这与下颌部分胡须的大笔触处理遥相呼应，形成虚实、疏密、粗细等关系的对比。人物所带的头饰或所穿的服装样式也刻画细腻，人物因此更加醒目突出。

形象

民间年画塑造形象最常用的就是夸张和变形，这两种手法广为流传，最为普遍。

为了主题的需要，画师们常常发挥自己的想象，一方面依照美学的法则观察自然形态，另一方面就是在自己的认知中加以想象，从想象中总结。再经过夸张和变形，使其主题突出，形象生动。

民间画诀有"立如一张弓，坐如一口钟"之说。传统门神画中，文臣或武将的造型处理上，尽量地压扁人物的身长比例，在横向上加以夸张变形，体现神圣和力量。所以，民间画诀中要

《尉迟恭与秦琼》(填水脚)

求"大门（武门神）要歪（歪，即威武之意）"。同样，那些美女、妇女修长的形体造型，似乎也更能烘托女性的窈窕婀娜。所以，画诀又说"房圈门（即贴于寝室门上的门画）要乖（乖美、可爱）"。

色彩

色彩上，绵竹年画讲究艳丽。这种艳丽色调其实是与画师们常年积累研究出的配色有关，比如红不与黄搭配，猩红不与黑搭配等配色。还有就是，很多颜料都是画师们亲手制作，比如使用红花、苏木制作红色等，本身颜料就很鲜艳，再加上桃胶，这类延年画在年画上可以达到经久不变的效果。

绵竹年画用色不多，以猩红（近似橘红色）、佛青（介于深蓝与群青之间）、桃红、草绿等四色为其基本色，其次是金黄、天蓝等。绵竹年画在画面上很少去大面积使用原色，而多属于单色和间色。因此画面给人的感觉是鲜艳而不刺眼，对比和谐而不杂乱，形成了自成一派的独特艺术风格。

绵竹年画还善于用金，大量采用沥金、堆金或贴金的手法，使人物栩栩如生，有半浮雕的感觉。在一般年画中，除用泥金勾线叫"勾金"年画外，还有"花金"和"印金"年画。这些年画画面金光灿烂，既有刀味又有木味，鲜艳统一，色彩效果别具一格。

此外，绵竹年画还有一个比较特殊的品类，也是绵竹年画中最具有代表性的一种表现手法：它是绵竹年画的手工艺人补贴生计的一门绝活，叫"填水脚"。"填水脚"也被称为"行门神"，意思就是制作得快。它是技艺娴熟的手工艺人独自制作生产出来的，算得上是绵竹年画中的上乘之作。这些手工艺人一般都技艺高超，对画的结构、造型、布色了如指掌，趁着空闲快速制作生产，所以在作画时只求把握整体，用极少的一两个颜色，大多只是寥寥数笔，便将刻板的线条和水墨的灵动融合起来，笔法雄健，极具写意一气呵成色彩。它虽用时较短，但是气韵十足，深受当地人的喜爱。

总之，绵竹年画的色彩对比性强，但不失于生硬。

《福禄寿喜图》

《撸起袖子加油干，快马加鞭齐向前》

一位有缘人

✣ **承古续今，推陈出新，创造绵竹年画的新典范**

民间手工艺人作为民间文化的创造者、继承者、发展者在非遗文化的传承中扮演着重要的角色。在绵竹这座充满年俗味的小城里，年画历经岁月，已被传承了上千年。作为绵竹年画非遗项目的传承人，绵竹年画博物馆馆长胡光葵就以其孜孜不倦的努力和推陈出新，使得绵竹年画迸发出新的生命力。

胡光葵孜孜不倦地进行年画创作

绵竹年画　　139

《门神》

  胡光葵自幼热爱传统绘画艺术，擅长人物画。不仅拜师学习传统年画技艺，而且博学众长，推陈出新。他拓古绘今，将古版拓创与水墨手绘完美结合，以传统特色技法创作年画，开创了墨彩年画的新典范；承古续今，在传统技艺的基础上赋予了新的个人的艺术贡献。

  当古老的民间技艺遇上现代科技，年画艺术在碰撞、交融中衍生出新的形态，既有传统的一面，也有创新的东西。在绵竹年画博物馆馆长胡光葵看来，传承是传统的，创新是现代的，两者缺一不可。胡光葵不仅擅长绵竹木刻年画传统制作技艺，还将年画创新作为自己探索的方向，他自创的墨彩年画技法，所绘制的作品多次获得国家和省级奖项。

他运用墨彩年画技法画成的仕女图别具一格，韵味十足。胡光葵的墨彩年画便是将年画的技法与国画合二为一，既有年画的质感，又有国画的艺术性。

随着科技的发展，传统艺术一定会受到冲击和影响。胡光葵说，绵竹年画不能一成不变，需要在传统的基础上不断更新。这种创新既不能失去传统艺术文化的精髓，又要不断吸纳现代艺术理念，从而创造出新的艺术作品。

《骑车仕女》是绵竹年画美人图的代表作品，此图为现代电脑制作，手绘和电脑设计结合。

《三星高照》　　　　　　　　　《骑车仕女》

近年来，他不仅探索卡通年画、3D年画等多种符合年轻人的年画形式，还开发了年画的新文创产品，如年画书画绢扇、手绘年画服装、年画绣画结合品、丙烯布艺年画、纸板水印年画等，这些作品都取得了良好的效果。胡光葵说，"用电脑软件绘制是年画传承的一种新方式，是我们在生产工具发展的条件下，利用现代科技手段来制作传播传统文化的一种方式。传统不可以创新，但我们可以以新的方式丰富我们的传统内容。"

《向医务工作者致敬》

尤其是新型冠状病毒肺炎疫情期间，在绵竹，以胡光葵为代表的民间艺术家们在年前赶制了防疫年画：瞪着眼的门神爷在戴口罩、胖乎乎的财神爷在戴口罩、胖乎乎的年画娃在戴口罩，这些防疫宣传的年画诞生后，他们又制作了年画的动图，以及表情包助力抗疫知识宣传。宣传抗疫知识和年俗文化紧密结合，绵竹年画在2020鼠年这个特殊的春节，利用传统文化的优势寓教于乐，也使年画在新时期有了更丰富的文化内涵。

《出门一定戴口罩》

胡光葵从事绵竹年画的保护传承、创作研究、宣传推广、创新应用等工作三十余年来，坚持收徒传艺，重视模范传承。在同行业中有较高声誉，为绵竹年画的保护传承、创新发展做出了突出的贡献。

一门手艺

在民间长时间发展的绵竹年画，使手工艺人们形成了统一的彩绘手法。首先是印黑线板；然后是用白粉填在人物的手、脸以及袖口上；再用透明的黄金颜色装饰铠甲头盔和其他需要用到金属的部分；最后才是使用各种艳丽的颜色对相应的需要上色的部分上色。

由此可见，是否能成功制成年画，彩绘的笔和颜料使用是关键。在彩绘前，手工艺人们会将使用到的笔和颜料整齐有序地放在桌面上。彩绘期间，画师们会先用笔尖蘸少许颜料然后在废纸上涂画两笔，看看笔尖的颜料深浅是否合适。确定颜料合适后，画师们才会对年画进行彩绘，彩绘的顺序一般是从上往下、从左往右给大面积的衣裙上色。当遇到色彩过于鲜艳，画师们还会使用一些过度灰和少许金银黑等颜色调和，这样的颜色既不影响色彩艳丽，还能使整幅画面达到统一。

年画印线和上色

脸部上色是在大面积上色完成后才进行的，画师们对脸部彩绘有一个统一的称呼叫"开相"。画师们会使用黄色加桃红色，再加白粉，作为彩绘的颜色。然后，将其调和成和人皮肤差不多的颜色，俗称肉色。画师们将制好的颜料有序地敷在人物面部上。接着使用鸳鸯笔勾勒出两边面颊、耳朵和眼皮，每一笔都需要非常仔细。接下来是画鼻子和耳朵的线条，画师们会使用羊毫勾勒，这是整幅画能否灵动起来的重要一笔，也就是点睛之笔。画师们用鸳鸯笔在眼上点睛，据说好的画师们，点睛之后，无论从哪个方向观察，画中的人都是看着像注视着自己。面部彩绘最后一笔是画眉，女的是细眉，要细而长；门神是粗眉，不仅要粗，而且还要立体。

手工艺人们总结的开相法："要得恶，眉毛、胡子一撮撮，要得笑，眉弯嘴角翘。"眉毛、胡子都应该一气呵成，形成流畅的线条。然后画嘴巴，脸上的胭脂要用"鸳鸯笔"，一边蘸朱砂，一边蘸水，要求一笔成功。

整幅年画到此，整个人物形象已经凸显，不过最后画师们要对画中的装饰图案进行彩绘，包括花金、勾金和印金。

《赵公镇宅》

《我看着你》

勾金是彩绘后，用笔勾勒人物衣服上的金花图案。花金是年画的重要环节，画师们在彩绘后使用一些金粉、银粉，对人物的衣服袖口、角花、帽花等进行戳拓。印金在年画中可不一般，一般是印过墨线和整体彩绘完成后，使用原印版涂上胶水（脸和手除外）再敷上金银粉，待扫净余粉后显出金线或银线，使整个画面金光灿烂，既有刀味又有木味，既鲜艳又统一。

到此，一张绵竹年画已经完成，常年制作年画的手工艺人们对造型、结构、彩绘掌握已经炉火纯青，年画完成后，画面看起来生动且传神，艳丽而不失淡雅。

《立锤门神》

为徒弟们示范拓印

一方水土

在《华阳国志·蜀志》一书中曾有记载，绵竹因其"地滨绵水，多竹，故名。"绵竹古为蜀山氏地，至隋大业二年（606）复名绵竹。此后，县名再无更改。绵竹历史源流悠长，具有独特的文化魅力。

❀ 自然生态环境优越

绵竹位于四川盆地，这里常年晴雨均衡，而且气候温润，最适合植物生长，所以在这里自然资源特别丰富，堪称全川之冠。绵竹西北部属龙门山地区，这里山峦重叠，谷高幽深。古老的绵水（绵远河）就是沱江的源头，发源于绵竹西北紫岩山，也就是如今的九顶山，出群山入平原后，分数股形成成都平原北端的一个扇形冲积面——绵竹平坝区。

❀ 竹资源丰富，造纸业兴旺，商业繁盛

这里的环境适合各类竹子的生长，竹资源相当丰富。杜甫曾在《从韦二明府续处觅绵竹》写下这样的诗句："华轩蔼蔼他年到，绵竹亭亭出县高。江上舍前无此物，幸分苍翠拂波涛。"

绵竹年画为什么这么出名，这和本地竹资源的丰富有着密切的关系。这里的竹子具有"节长、性绵（有柔韧性）"的特点，被应用到造纸业中就带来了纸业的兴旺。这里生产的纸产品有

"白大纸、小化连、对方、勾边、卷连、净丹、茶纸、书纸、毛纸、火纸、二标纸、京果纸"等。好纸配好画，好画用好纸，造纸业的兴旺是绵竹年画得以产生、繁荣的一个重要的客观条件。

清朝诗人李锡命写了一首《咏绵竹》的诗："山程水陆货争呼，坐贾行商日夜图。济济真如绵竹茂，芳名不愧小成都。"以"小成都"来赞誉绵竹百姓殷实、商业发达的繁盛景象。

人文环境

绵竹自古以来就是佛教圣地，寺庙众多，有"福地"之称，具有悠久而又浓厚的人文历史。道教传说中"一人得道，鸡犬飞升"的神仙严君平，相传也是绵竹人。这里还有与藏传佛教关系密切的川西名寺——祥符寺。三国辩才秦宓，与朱熹齐名的理学

年画与快乐相伴

宗师张杭都出自此地。绵竹籍金榜题名的进士，宋代13人、明代8人、清代7人……这里人才辈出，酿就了独特的人文底蕴。因而有一副对联总结道："忠臣孝子纲常地，大将真儒父母邦。"

绵竹年画就是植根于这片神奇而美丽的沃土，并由此而形成独特的风格。

雕版印刷的中心

四川成都自唐代以来便是雕版印刷的一个中心，以成都为中心，附近各县都有年画作坊，绵竹就是其中一个规模较大的地区。有相关古籍记载：版画与刻书是同时发展的。古代版画最早的是佛像或宗教故事，后来发展到书籍插图、肖像、笺纸、花纸、年画等。可见，此地年画的产生、发展到之后的兴盛和雕版印刷的关系十分密切。

绵竹年画就是在这些独特的自然及人文因素的激荡下产生的。

刻好的绵竹年画版

一段历史

因绵竹年画早期作品留存较少,它具体的起源时间已经无法考证,但是从全国各地年画的整体发展情况和它自身特点的特点来看,最晚在明代也应该出现了。

从全国各地年画的整体发展情况来看,年画在宋朝时期就已经很兴盛了。唐朝以后,造纸和雕版印刷的技术迅速发展,为年画的发展提供了技术支持。绵竹也是唐代以后造纸和雕版印刷中心之一。从这个角度来看,绵竹年画与其他产地的发展情况应该大致相近,不应该落后,但是由于相关留存的作品较少,并没有一些能证明这个论断的足够证据。

绵竹年画博物馆曾在民间觅得一件,以佛教故事为题材的《神案画》,专家凭借画中的建筑风格,以及材质风化的程度来推断,这是一幅明代的佳作。由此可以确定的是,至少在明代,绵竹年画就已经相当成熟,并取得了一定的成就。

明末清初,征战不断,年画自然也受到了战争的冲击,以至于在后续的发

《门神扇面》

绵竹年画

《鞭锏门神》

展中恢复缓慢。这种情况直到清朝中期才得以改善，有记载称这个时期制作绵竹年画的从业人员已经达到了900多人，年产总量高达1200多万件。绵竹年画是当时年产年画较多的地区，不仅远销云南、贵州等地，还行销到北方的青藏地区，影响深远。《绵竹县志·实业》中就有这样的记载："门神画条，行销于本省及云南、贵州、湖广、陕甘等省。"

时至道光时期，至少已经有四五万人从事年画生产，规模比之前还要强大。而到了晚清，绵竹年画的发展并没有势微，反而依旧热闹非凡，甚至还迎来了之前没有的盛况。此时的绵竹年画发展出斗方、画条等新的年画种类，受到了消费者的欢迎。山水花鸟、人物故事等内容也丰富着绵竹年画的题材，由此，绵竹年画越来越丰富多彩。

与此同时，绵竹年画内部发展也形成了各自的特色，出现了具体分工。"城区年画作品偏重于拓片、杂条、斗方、案子或兼门画，清道乡偏重于彩色清水大袍；遵道乡偏重于美人、娃娃戏。"绵竹年画出现具体分工表明此地的年画发展已经日趋完善了。当然，这也离不开市场的扩大和人们审美趣味的影响。这时，绵竹也开始出现了民间管理年画交易市场的机构，民间艺人们自发组织的管理团体——"伏羲会"就是出现在这个时期的。

"东河坝里去观花，南华宫里去看画。"出自当时的民谣，可以看出当时年画在民间非常受老百姓喜爱。据说准备过年时，从绵竹县到清道乡十多里的道路两旁都是卖年画的乡间集市。不过到了民国时期，全国经济凋敝，百姓生活贫困，农村经济崩溃，年画也因此受到影响，日渐萧条。

当时管理市场的年画社为拯救绵竹年画，提出了两个解决方案：第一，绵竹年画需要创新，他们开设了创作班，派骨干去艺术学院进修学习先进的绘画理念和技术。此方案有一定的成效，在每次年画展览中都有新的作品出现。第二，设法增加年画的经济效益，他们开放思维，将年画和其他艺术作品相结合，开发出了石雕年画、刺绣年画、手绘挂历年画等产品。

年画社是集体所有制，也经过几番努力想要重新让年画焕发生机，但是印制经费和人员编制长期无法落实，同时，体制管理下，艺人不可以私自销售年画。在自身经济长期受不到保障的情况下，许多艺人不得不放弃年画制造行业。

到了20世纪80年代前后，市场逐渐萎缩，绵竹年画大不如前，产量逐年减少。从以前一年生产上万幅年画，变成一年生产上千幅年画，产量越来越少。岁月轮转，时代变迁，农耕社会渐渐退去，绵竹年画也在历史的长河中历经浮沉，那些往昔的杰出艺术产品，如今只能在博物馆中才能了解它们昔日的辉煌。

《执花童子》

一袭传统

"十里不同风,百里不同俗。"绵竹年画的发展总是离不开地方文化。地方文化需要年画衬托,而年画则需要地方文化推动自身发展,它们关系紧密地联系在一起。

❀ 绵竹年画深受儒家文化的影响

绵竹年画受到传统文化的影响更深刻、最为突出的就是儒家文化的忠孝思想。

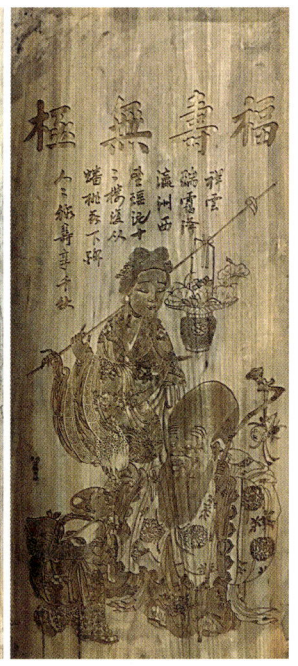

"二十四孝"中,有个故事就出自绵竹。东汉时期的绵竹孝泉镇,有一个叫姜诗的人,他与妻子对父母都非常孝顺。他的父亲去世后,就和母亲相依为命,但是姜诗从来都不会让母亲忧心和生气。姜诗的故事被人们广为流传,记在"二十四孝"中。除了姜诗的故事,还有其他绵竹深受儒家文化影响的故事。如在绵竹的县城里,雕刻着诸葛瞻父子尽忠死节的故事。另外

刻好的年画雕版

被称为"戊戌六君子"的杨锐,也是出生于绵竹。

在绵竹,宗教文化也相当兴盛

佛教文化从传入中国开始,就深深影响着中国老百姓。在绵竹也不例外,佛教庙宇众多,无论是庙宇中的堂画,还是神仙的塑造雕刻,艺人们都手艺精湛。年画的内容和制作技巧上深受其影响,尤其是在雕刻绘画方面。

在清朝中期,中国经济繁荣,由此全国各地开始兴建会馆,会馆的一些壁画和雕塑神像的绘塑,需要大量的画工进行绘画制作。众多画工一起工作推动了民间艺术交流。而绵竹的画工属于绘画从业中的佼佼者,之后,组织兴建会馆的单位还为绵竹的"神案子"设立了一个专门的品类。这种兴建会馆的情况一直延续到清朝末期,很多绵竹年画艺人,在画年画的同时,又兼职做寺院和会馆的壁画等工作。

绵竹毗邻大邑。大邑县城西北的鹤鸣山是道家的发源地。道教流布全国后,有着一定的文化融合和深远发展,但在绵竹这个发源地,一些民间道教的东西在这里得到了留存。有的地方认为年画具有避邪祈福的功能,这一点在道家的符咒中也有体现,如果将道家的符咒与年画的这一功能放在一起来看,那么两者之间确实存在着影响关系,从以符咒为典型特征的"五斗米道"中就可以看出些许关联。

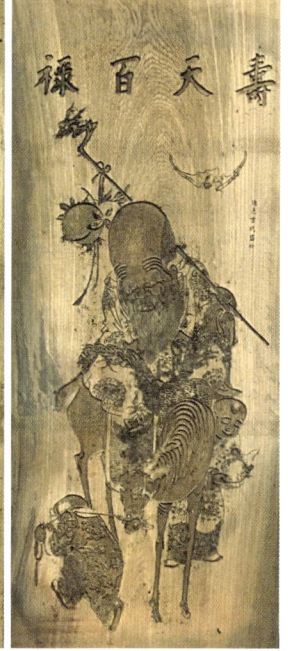

《寿天百禄 赵公镇宅》雕版

川剧艺术为绵竹年画的创作提供题材

绵竹年画影响着全国文化，而在当地的川剧更是深受绵竹年画的影响。看川剧的人中，流传这样一句话："画中游戏，百看不腻"。最具有代表性的就是在乾隆年间问世的《西厢记》。除了《西厢记》以外，被绵竹年画影戏的川剧还有《双旗门》《父子状元》《连环计》《五子告母》《白象山》等。据了解，现存川剧曲目中，以绵竹年画为戏曲内容的就多达32种。

绵竹年画影响着川剧，同样，川剧也给绵竹年画提供了素材。如神荼和郁垒，画中的造型似乎存在着强烈的宗教色彩，但是画中的神荼郁垒的传统特征，是一对戏曲舞台的形象。只不过，人物的战袍、甲胄被画师简化。色彩方面，画师增加了更加艳丽的颜色。人物结构方面，神将被在后背画上四面三角形牙边彩旗，这是典型的戏剧人物特征。

另外，我们也了解到，许多年画老艺人都有看戏的嗜好。

比如李芳福喜欢看《贵妃醉酒》和《李白醉写吓蛮文》等。爱看川剧的还有陈兴才，在中华人民共和国成立前，他经常到清道乡的万年台看戏，那里的《包公戏》《杨家将》《穆桂英》等最为传神，到现在他还保持着看川剧的爱好，经常在电视机前观看。

《父子状元》

《五子告母》

❀ 绵竹盛产美酒，酒文化与绵竹年画密切相关

绵竹年画和绵竹酒文化有着千丝万缕的联系。绵竹盛产美酒，如鹅黄酒、绵竹蜜酒、绵竹大曲都颇具盛名。尤其是在当今仍旧享有美誉的剑南春酒，也是产自绵竹。

绵竹年画的艺人们也常爱喝点当地的酒，当地的画师陈兴才就是其中的一个典型代表。他几乎每天中午和晚上都要喝点曲酒，早晨就用自家酿的醪糟代替，几十年坚持下来早已经变成了一种生活习惯。这种习惯使创作出来的年画也颇具被酒精催化的味道。另外，在绵竹年画中也有许多表现酒的年画。如被称为"酒中画"的《竹林七贤》绵竹年画，由清代艺术家黄瑞鹄所绘。画中，阮籍、嵇康被形象生动地搬到绵竹祥符寺中，画中人可以一直痛饮绵竹美酒。

川酒文化也是川蜀文化的一种体现和象征。源远流长的川酒文化同样具有丰富的文化内涵和民族精神，通过川蜀人民的努力，融合川蜀人民的智慧，当地人将绵竹年画和川酒的包装进行融合，并成为一种新的创新模式。正所谓"新瓶装旧酒，国潮正当时"，文化符号得到了进一步的加强，这样不仅是绵竹年画借助川酒的畅销而被更多人看见，也使得当地的酒文化被赋予了更深远的民族元素和文化内涵，实现了"一加一大于二"的效果。

如今，绵竹县已经兴建了绵竹年画民俗村。绵竹年画和绵竹的九顶山、绵竹的酒文化和温泉旅游等组成了具有浓郁民俗风情的观光旅游线，"山水酒画醉绵竹"，绵竹正以自身的风景和独特的文化魅力重新走进人们的视野中。

《穆桂英》

包文正

凤翔年画
Fengxiang Nianhua

一件作品

独具风格的陕西凤翔木版年画，是中国民间年画的一大流派，始于唐宋，盛于明清，被国外收藏家赞誉为"东方智慧的结晶"，在世界各著名博物馆皆有收藏。

年画《门神》中是方弼、方相俩兄弟，传说他们身高三丈、力大无比、武艺超群、性情耿直。方弼满腮饱髯，方相面如敷粉，手中皆持有铜锤。《封神演义》中记述，殷纣王因宠爱妲己，乱了朝纲，残杀群臣，妲己凭借纣王的宠幸，先戕害正宫姜后，又残杀长子殷郊、次子殷洪，将两殿下绑在殿角，降旨行刑斩首。纣王昏庸，文武百官奏本未准，无计可施，方弼、方相见此情景，大

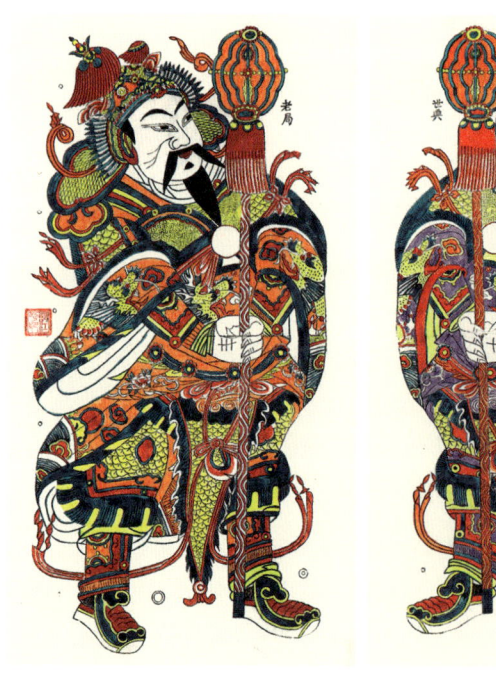

《门神》

为气愤，二人大踏步跑下金殿，将殷郊、殷洪的绳子解下，背在背上反出朝歌。

此后，西周民间便将这两位忠臣良将信奉为门神，从文武大臣到布衣百姓均仿画方弼、方相的画像贴于门上，贴门神的风俗便始于当时，并一直流于后世。

凤翔木版年画特点

题材丰富，内容广泛

凤翔年画按体裁分基本上分为六大类：门神画、六神画（土地神、灶君、井神即龙王、天神、仓神和槽马侯）、窗画、炕画、墙画、中堂画。其中，尤以门画最为经典。

经过数百年的发展，凤翔木版年画形成了自己独特的艺术风格，这是多少代人积累、创造的结果，是这一方土地上广大民众共同的审美习惯、审美趣味的集中体现。凤翔木版年画就是生长在陕西这片黄土地上的一株瑰丽的山花。

《骑马秦琼敬德》

凤翔木版年画内容丰富，形式多样。旧藏版有秦琼、敬德、加官、进禄、方弼、方相、钟馗、国泰民安、龙凤呈祥等。中华人民共和国成立后木版年画获得了新生，特别是改革开放以来印数和销售量逐年扩大，增加不少宣传国家政策和开发大西北的新题材新内容。

据有关史料记载，从乾隆55年起，邰顺继承先人所传画业，仅"世兴画局"一家的凤翔木版年画印数就高达420多万张。

凤翔木版年画的主要题材为历史人物、民间故事等，常见年画如《三星图》《双美人》《四时报喜》《三国演义》和《水浒》等。凤翔木版年画大多与当地乡土民俗密切相关，寄托着人们对太平安宁的向往，从年画画稿、雕版、印刷到彩绘，都是乡村农民手工操作，按自己爱好的传统造型、配色习惯研制而成，乡土气息浓郁。

《佳人爱菊》是凤翔木版年画中仕女图"十全十美"之一，5套10张为10个美人。菊，取谐音"举"，意即上京赴试的举子、举人。"佳人爱菊"喻为佳人爱才子。转换到现代，即漂亮的女孩子喜爱学习上进的人。整个画面构思巧妙，寓意新颖，是中国年画中难得的精品。

虽然凤翔木版年画产生于西北地区，这里的自然生态环境相对较差，人们的生活条件较为艰苦，但也有描绘田园风光的作品。《老来乐》是当地最为流行的，表现田园生活的，富有西北情调的，老年人生活的年画作品。

融合借鉴其他艺术

凤翔木版年画的雕刻与印刷技艺与其他民间美术之间的相互影响

《佳人爱菊》

与借鉴也是显而易见的。民居建筑中的石刻、砖雕；民宅家具里的木雕、板刻；民间皮影戏里的雕刻艺术；民瓷制陶中的刻花技艺，以及在民间广为流行的剪纸窗花（凤翔木版年画中就有单独的木刻窗画品种）等，都与木版年画的雕版技艺有着千丝万缕的联系。

❀ 以线刻为主，线条刚劲有力

凤翔木版年画以线作为形式表现的主体，用线进行艺术表现一直是凤翔木版年画主要的绘画语言。从现存前清时期的凤翔木版年画木刻古版，只有墨线版，未见分色套版的情况分析，可以认定直到清代中期以前，凤翔木版年画还保持着先印墨线主版，然后由人工手绘染色的生产方式。

《秦琼敬德》

凤翔年画　161

木刻年画的雕刻比纸张上的线条更富于变化，也更复杂。每一根阳线，都要经过上下两刀的断线、铲底，才能把心中需要的那根线"勾勒"出来。

比如在一些流传下来的凤翔木版年画门神像的线刻版上，虽然只是单色的线条，但总使人能够感到人物身上铠甲发出的耀眼光彩，仿佛还能听到金属碰撞而产生的铮铮之声。

❀ 人物造型夸张丰满

凤翔木版年画特别注重把握人物的总体轮廓，民间艺人们通过轮廓框架抓住人物的形态、动作特点，表现情感和意图。

如在"六神画""谷雨画"和一些"戏文画"中，人物的大小比例不是按远近关系，而是根据角色的主次来设置的。凤翔的木版造型意识十分独特，是用写实绘画最忌讳的平面的表现方式来反映身边的事物。在他们的造型法则中，生活的真实性要让位于艺术的真实性，科学的结构、比例和体积并不能成为衡量木版年画造型准确与否的标准。

《白花点》

《拾玉镯》

正如木版年画艺人在口诀中说的:"娃娃要得好,头大身子小","英雄无颈,美人无肩"等。意向夸张,注重示意性,重神似而不拘泥于形似,强调写意而疏于写实。

色彩鲜艳,对比强烈

凤翔木版年画在色彩处理上以原色为主,间色为辅,画面色彩对比强烈,主次分明。色彩颜料以水色为主,以群众最喜欢的大红大绿为基调,桃红、槐黄、紫色,配以二墨(淡黑)辅之,红与绿、黄与紫、黑与白,几种原色相互对比,很少使用间色,以免削弱鲜艳、强烈的色彩效果。生动别致,不失和谐。

门神画《坐虎秦琼敬德》在左右两幅门画之间用黄色和紫色进行整幅作品的色彩对比,右边的秦琼浑身上下以明亮的黄色为基调,中间点以少量的红色和绿色;左边的敬德全身上下罩以深紫色,以红、绿、黄点缀其间;两人的面部一白、一黑,形成强烈的反差,既突出了他们性格上的不同,又夸张地刻画出他们共有的勇猛威武的气势。

《坐虎秦琼敬德》

  凤翔套色木版年画在套好色后需经手艺高超的艺人用毛笔细致地画眉点眼，在脸上抹胭脂。在经过"画人先画头，传神先看眼"的一番艺术处理后，秦琼、敬德面部顿时气聚神凝，庄严生动，丰满传神。这种强烈的色彩对比最符合农民在年节时的审美要求。

  在色彩表现上，有一种被称为"金三裁"的用色方式是凤翔年画的创新技法，即对一些三裁横页的墙画使用色彩时，在原用色的基础上，增加了鲜蓝、淡墨、浓墨、紫色、黄绿等多种间色，套色多达十几种。在人工手绘染色上，对很多局部地方如人物的发际、胡须、皮肤、山景、水气、云彩等处增加了刷色处理，对人物面部一些重点处，增加了"上像粉""染胭脂""开光""描眉点睛"等艺术处理，并在此基础上，研制出套印银色、手工描金的手法，丰富了年画色彩的表现力，受到广大群众的欢迎。

《鱼乐图》

❀ 极具装饰性

"总把新桃换旧符",老百姓在年节时把年画贴在门上、墙上,那种焕然一新的视觉效果,自然要依靠木版年画装饰性的艺术表现力。凤翔木版年画在现实生活中兼有装饰家宅点缀环境的作用,比如窗画、墙画、炕画、中堂画。在早期的一些年画中,装饰的效果尤为突出,很多年画在人们还没有看清楚它的内容时,就已经被它的形式感和装饰性所吸引。就像民间艺人在口诀中说的那样:"远看搭眼,近看有味。"

❀ 制造错版之美

凤翔木版年画在人工套版印刷中,会无意间产生一种"错版之美"。与外省其他地区木版年画中非常精确的套色印制不同,凤翔木版年画在线版和色版套印过程中,并不刻意追求严丝合缝的准确,有些地方明显出现线、色版的错位。作为艺术品,这非但没有影响凤翔木版年画的品质,还为其平添了一种随意、自然的艺术趣味。

一位有缘人

有缘人

在关中农村人们把民间绘画艺人统称为"画匠",绘画与工匠制作是不分家的,"画匠"必须掌握多种技艺能力,以适应乡民们的各种需要。凤翔木版年画一直以家庭作坊的形式生产、销售。在当地,具有一定生产规模与知名度的作坊,称为"画局"。每个画局的年生产量一般在10万张以上。画局的技艺传承方式以家传为主。

清乾隆五十五年(1790),南肖里村邰顺继承祖传画业,经营万顺画局。道光十五年(1835),邰正荣改万顺画局为荣兴画局,邰正荣之子邰润的五个儿子名字中均有一个"世"字,他们于民国初年,将荣兴画局改为世兴画局。

邰世勤(1893—1970),凤翔县南肖里村木版年画邰氏家族中杰出的传人。他从小随父亲邰润学习木版年画技艺,10岁时就能刻版、印刷及填染年画。他完成学业后即全身心地投入到木版年画的艺业之中。邰家的木版年画生意越搞越红火,世兴画局也成为远近闻名的大画局。

邰世勤是一位多才多艺的民间艺人,除掌握印制木版年画的全部技艺外,他还精于庙宇壁画、砖刻、石雕、社火脸谱的绘制以及皮影的设计与雕刻,曾刻制皮影600多件,被誉为西府民间画匠中的"全把式"。他一生创作了170余幅年画作品,其中最具代表性的当属风俗年画《老来乐》(对画)。这两幅画构图精妙,人物神态惟妙惟肖,富有浓郁的生活情趣。

邰世勤一生与木版年画结下了不解之缘,他珍惜每一幅作品、每一块刻版。一次家中失火,他一人扑向火中,救出孩子之后,又冒着危险抢救出版模,而屋内其他财物皆化为灰烬。他虽多处受伤,卧床不起,但以能抢救出年画版模而感到欣慰。

非遗匠人

邰怡（1921—1984），邰世勤次子，世兴画局出色的传人。他从小喜爱家传手艺，跟随父亲学习木版年画的刻版、印刷和手绘填染技艺。邰怡曾任小学美术教师，擅长书法、绘画，有一定的创作能力。他先后创作木版年画近百种，邰怡举办的木版年画专题讲座，受到了广大师生们的高度好评。他还结合自己多年的从艺经历撰写了《凤翔木版年画见闻记》《我所经历的凤翔木版年画》，并分别发表在《美术研究》和《陕西民间美术研究》上。邰怡为凤翔木版年画的传承和发展做出了突出贡献，被陕西省文化厅、省文联、省民协授予"陕西民间美术大师"称号。

改革开放以来，凤翔木版年画艺人生产、创作热情空前高涨。邰怡是这一时期代表人物之一。1978年，以他为首成立了南肖里村民间工艺美术研究会。他们当年即挖掘、整理、恢复了67幅木版年画传统版样。邰怡还创作了20多幅

《国泰民安》　　　　　　　　　　　《包文拯》（凤翔木版年画写为《包文正》）

新年画，如《包文拯》《花木兰》《嫦娥奔月》等。研究会生产的鼎盛时期，印制的木版年画年产量在680万幅以上。1980年，邰怡组建凤怡年画社，除继续新画样的创作外，还不断收集整理传统画样，复制画版，使凤翔木版年画原有的风貌得以传承和发展。邰怡于1984年逝世，他的逝世对于恢复不久的凤翔木版年画生产是一个巨大的损失。

❀ 传承人

凤翔木版年画艺人邰立平（邰怡之子）是世兴画局新的"掌门人"。几十年来，他在艰苦的环境下，埋头苦干，先后挖掘、整理、恢复了大量传统的年画古样。邰立平先后50多次参加国内外年画展览，并演示凤翔木版年画的雕刻、印刷技艺，还应邀在中央美术学院、中央工艺美术学院、广州美术学院、湖北美术学院、西安美术学院、山东工艺美术学院等十多所院校及美术博物馆举办讲座。近年来，邰立平坚持家庭作坊式生产，每年向各界人士销售年画数万张、资料画册200多本，为凤翔木版年画的传播与发展做出了不懈的努力。

正是由于有这样一批艺人，才能使凤翔木版年画得以传承、发展；才能使它从陕西走向全国，乃至世界，并受到全国有关专家、学者以及艺术爱好者的关注和赞赏。同时凤翔木版年画，也在国外产生了广泛的影响。

邰立平

一门手艺

凤翔木版年画以手工雕版，土法印刷，局部手绘填染，并套以金银二色，具有古朴、自然的艺术风格和浓郁的地方特色。

制作流程非常复杂，起稿、备版、贴版、站版、修版、洗版、号色、印刷、上色。

凤翔木版年画，不同体裁的作品往往都有相对固定的尺寸。尺寸是以纸张的开数计算的。艺人们在起稿时，首先根据体裁选定画幅尺寸的大小，然后才能进入起稿阶段。

凤翔木版年画的颜料，在史上经历了很多变迁，早期采用的是矿、植物颜料，如石黄、米黄、金晶石等，以传统土法炮制而成。这种颜料色彩沉着、古朴典雅。后来出于经济、便利的原因

凤翔木版年画的颜料

经过年画艺人的传承与发展，凤翔木版年画由最初的单色印刷变为套色印刷

基本改用进口化学颜料，颜色也很正。后来邰立平开始尝试国画颜料代替化学颜料，颜色持久，起初发暗，但却越放越艳，越看越舒服。

　　凤翔木版年画最初是用墨单色印刷，在印出墨线后，由人工用笔染上不同的颜色。清代中期嘉庆、道光年间逐步由人工染色发展为套色印刷，现存最早的套色版为道光年间留下的几幅门神画老版。套色印刷大幅度提高了木版年画的产量与质量，这种印制方式一直沿袭至今。

　　套色印刷在印完年画后，还要开光（画眉点眼）、上粉（脸上抹胭脂），使画面人物鲜活生动。

　　虽然发展为套版印刷，但最精湛的雕刻技艺仍体现在线版上，线条的舒畅流动，刚柔变化，以及刀法和木味的把握，主要通过线版区分出雕工技艺的高低。雕刻线版的工具主要有：凿刀、角刀、起刀、指甲花刀、三角铲、平铲、板凿、锤子等。

木版年画制版工具

一方水土

❖ 历史名城，文化底蕴深厚

陕西曾经是中国农耕文明最发达的地区之一。凤翔是陕西关中西部遐迩闻名的历史文化名城，地处陕西关中西部、宝鸡市东北方。凤翔古称雍，夏代九州之一，是周秦文化的发祥地。春秋战国时期，秦国曾在此建都，开疆拓土，并在农业生产中最先使用铁器，农业和畜牧业发达。唐宋以来，杜甫、王维、吴道子、颜真卿、苏轼等人都曾在此留下他们的足迹，在这里创作了许多千秋传诵的瑰丽诗文和画作。凤翔比较发达的经济，悠久的历史和深厚的文化积淀为凤翔木版年画的产生奠定了基础。

凤翔风光

❀ 陆路要道，交通便利

据史书记载，凤翔在商以前即有官道，周、秦时期道路发达，汉以后为古丝绸之路上的重要驿站。古人以"南控褒斜，西达伊凉；岐雍高峙，洲渭争流"形容凤翔地理位置之重要。

凤翔东湖的苏轼雕塑

❀ 民间手工业发达

凤翔自古民间手工业发达，品种包括手工造纸、编制竹器、烧砖制瓦、花火纸炮、罩金漆器、木版年画、凤翔泥塑、皮影雕刻等数十种之多。各个行业参与人数多，涉及范围广，在全县境内几乎形成了"一村一品"的生产格局。其中尤以木版年画、凤翔泥塑、皮影、草编、刺绣等遐迩闻名。

盛传凤翔有三宝"东湖柳，西凤酒，女人手"。这其中的女人手，就是赞誉凤翔妇女生来心灵手巧，个个是手工纺织、草编、剪纸、刺绣的能手。

⊕ 民俗文化浓厚

凤翔木版年画主要有两大传统品种，那就是神码画和吉祥画。其印量最大，销售最畅。群众对这两类木版年画的需求，是凤翔木版年画得以不断发展，久传不衰的主要原因。

《满堂富贵》

春节期间，无论城乡、贫富，家家户户都要购买、张贴门神、家宅六神、神码画，这种习俗在宋代已经形成。在宋代年节时，所卖的年画"门神""钟馗""桃符""财门"等，称为"纸画"。春节期间，人们张贴门神，是为了驱邪避魔，不使邪祟入侵。张贴六神画，是为了祈求神灵的护佑，在新的一年里，家庭兴旺，合家平安。凤翔木版年画中的神码画正是顺应了这种民间年节习俗的需要而产生，并在数百年间传承不息。

张贴神码画是一种民间信仰，属于民俗文化的范畴，是春节民俗的一项传统内容，是一项与春节共存的民俗活动，是最能满足年节时民众在情感上的需要，鲜明地表现了民族的心理和愿望，是群众精神的寄托。

人们祭祀神灵的民俗活动，是木版年画数历劫难仍能传承、生存的重要基础。

⊕ 本地独特的梨木

版是木版年画的核心，刻制木版年画对木材的选择很讲究，一般选择纤维细、质地密度大的硬木，使雕刀在木版上能够按照雕刻者的意愿运行自如。凤翔木版年画普遍选用当地北山的梨木或杜梨木作为刻版用材。梨木纹理极为细腻，硬度适中，吸水性好，印出的画感觉很舒服。

每年农历四月初四逢南肖里的集日，村中的打谷场就成为农具和梨木的交易地。年画艺人从这里购回梨木，先将木材锯成一寸半厚的板子（凤翔方言叫"方"），置于阴凉通风处，经过三个夏季阴干、定型后备用。

刻版用的梨木

❖ 纸资源的价格优势，符合大众购买力

凤翔木版年画传统上使用的是当地纸坊产的毛边纸和四川土产的竹黄纸。印刷前，需用白粉刷一道底色，这样既可增加纸张的厚度，又可以遮住这类纸本身带有的底色，为后面套印各种色版预留一道粉白色的基础，以便把各种色彩衬托得更加鲜艳。后来改用机制的白纸，是由于这种纸雪白、光亮、克重又小、价格便宜，适应当地农民的购买力。另外，这种纸不用做底层处理，省工省时，适宜于大量印刷，因此成为木版年画的首选用纸。

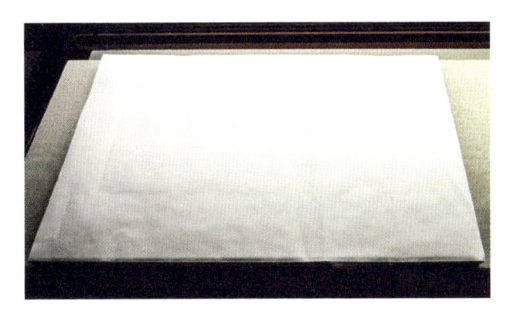

木版年画纸张

一段历史

凤翔木版年画是中国传统民间年画的一大流派，始于唐宋，盛于明清，经历了由宫廷到民间，并在民间普及的同时，又频频走上了艺术的殿堂，继而跨出了国门。被国外收藏家赞誉为"东方智慧的结晶"，在世界各著名博物馆皆有收藏。

据有文字记载的年代，可以追溯到明正德二年（1507），鼎盛时期，生产者多达一百多家，画局也有十多家，形成了比较完整的设计、雕刻、印刷、彩绘、发售的作坊。

据有关资料记载，清道光十五年（1835），凤翔北肖里村、南肖里村、陈镇的上营村等有画局四十多家，从事印制木版年画的农户有一百多户。1929年，全县有画局六七十家，其中在省内外影响较大的画局有：南肖里村的世兴画局、太兴画局、中兴画局、正兴画局；北肖里村的新盛画局、厚义画局、复盛画局；

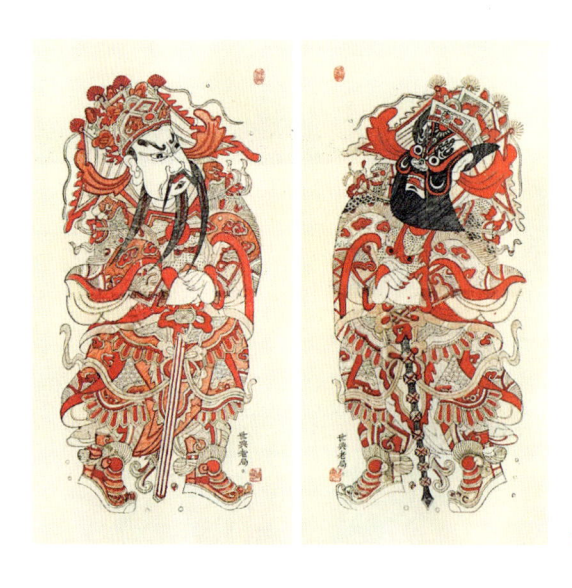

世兴老局年画

陈镇上营村的兴顺画局、李记画局、家记画局；水沟村的赵记画局；东街村的张记画局等。在城关镇豆腐村还有十几家专门生产木版窗画的画局，其中史家画局、辛家画局最为有名，数百年来产品一直畅销不衰。正是这技艺世代家传的方式，才使凤翔木版年画在不断发展中保留了传统的艺术风格。

凤翔年画在民国时期最兴旺，一直持续到中华人民共和国成立前，北肖里和陈村镇的年画业便中断了，南肖里还有好多家在做。1978年后，"西凤世兴画局"第三代传承人邰怡，主持成立了凤怡年画社，对流散民间的版画古样进行挖掘、整理、研究和复制，重新恢复了凤翔木版年画这一古老的民间传统艺术。

1984年后，邰怡长子邰立平接主凤怡年画社，继续为抢救、保护凤翔木版年画而不断奋斗。经过邰立平的努力，《凤翔木版年画选》两卷册得以整理出版。陕西省文化厅、陕西省文联和陕西省民间文艺家协会曾授予"西凤世兴画局"第二、三、四代主持人邰世勤、邰怡、邰立平"陕西民间年画世家"的称号。

《四时报喜》(清顺治二年西凤世兴画局藏版)

一袭传统

一方水土，养一方人。一方人的民风民俗，最终成就了一个地方独具特色的民间艺术。

凤翔是古老的文化积聚之地，当地文化气息浓厚，各个艺术品种，长期在同一块土地上生存发展，相互间借鉴吸收，取长补短，形成了共同的地方特色和各自鲜明的艺术特点。同时，相对封闭的文化环境也使木版年画中古老的门神画依旧能够较为完整地保留住原始的形态特征。

☯ 被"神话"的秦琼、敬德

佛教自西汉传入中国，至唐发展到鼎盛时期。由于唐代佛道盛行，封建帝王崇奉神灵，求仙拜佛，祈盼羽化成仙、长生不老，永享人间富贵。到了民间，百姓希望回避灾难、摆脱疾苦。唐代以后，民间祈愿情结集中地表现在每年的传统节日——春节里，并把宗教、神话、俗信紧紧地结合在一起。而传奇人物秦琼、敬德正是在这样的历史背景中逐步被神化的。

秦琼、敬德是凤翔木版年画里最具代表性的门神题材。这两位初唐时期的著名将领被

敬德年画线版（明版清刻）

后人"神化",一方面反映了当时社会宗教、俗信的需要,另一方面也体现了广大民众对英雄人物的敬仰和崇拜。

宋代"话本"产生以后,民间说书艺人对他们的任侠好义、忠勇善武广为传诵,并把人们理想中英雄好汉的众多特征都集中在秦琼、敬德身上,使他们成为老百姓心目中能够镇压一切邪魔的化身。由此,他们逐步代替了原来"神荼、郁垒"的桃木符,为民间所敬奉。

《武门神》

全国其他的木版年画产地,如潍坊、桃花坞、武强、绵竹等地的年画里的秦琼、敬德门神画不及凤翔品种多。在凤翔木版门画中,秦琼、敬德的样式特别多,有站立的,起舞的,骑马的,坐式的;有戴帽披袍的,上朝侍立的;还有双敬德、双秦琼等。其中站立、起舞、骑马三种形式的门神画印量最大,流行也最广,原因可能是这些神像的人物形态特点,与历史人物、神话故事和民众心目中的,守护神的形象最相吻合。这样的艺术形象符合群众的审美趣味和欣赏习惯,从而使秦琼、敬德门神画,成为当地人们年节时不可或缺的民俗用品。

《秦琼与尉迟恭》

❂ 不能割舍的秦腔和神话传说

陕西关中人爱看秦腔，对秦腔有一种说不清、道不明的情怀，高兴时唱，悲哀时也唱，大吼一声秦腔既能抒发心中的喜悦，也能排解心中的苦闷。秦腔的脸谱，人物的扮相、身段、架势，自然也为人们耳熟能详。凤翔民间还流传着大量的神话传说，悲欢离合的故事更是人们茶余饭后谈论的话题。

《回荆州》

在这样一种对自己地方戏剧文化的特殊情结中，凤翔木版年画中的戏文画便应运而生。这类年画品种繁多，印量仅次于神像画。

如表现三国故事的《回荆州》《截江救主》；表现英雄故事的《穆柯寨招亲》；表现爱情故事的《白蛇传》《玉堂春》等。流传比较广泛的神话故事和古典文学名著故事，也多有年画写真。神话故事年画有《八仙过海》《刘海戏金蟾》《黄河阵》等。古典文学名著故事中仅以《西游记》为题材的年画作品就有二十多种。这类画一般为组画，一组画叙述一个完整的故事，有点儿类似现在的连环画。

在这些娓娓动听的故事背后，蕴含着的是中华民族数千年来优秀的传统文化，把做人的道理、礼义廉耻、忠孝节义、善恶美丑用这样一种温馨的方式传承给下一代。对着年画谈古论今，孩子们从小就能听到、看到、感悟到民族文化的博大精深。戏文画不失为一种寓教于乐、美化心灵的教科书。

❂ 传统讲究的贴画习俗

在凤翔木版年画与年节、习俗的关系非常密切，无论是达官贵人，还是平民百姓，每逢过年和谷雨节时都讲究张贴年画，贴什么画以及怎样贴都有祖辈传下来的规矩。一般来说，过年时要把门神画及家宅六神画买齐。除此之外，还要买张贴在窗扇、炕墙、屋内的年画。就门神画来说，不同尺寸的门画张贴在不同的位置，头道门贴三裁门神，二道门和卧室门一般贴六裁门神。城门的东、南、西、北四座门贴四对八张整开门神，东门为方弼、方相，南门为上朝秦琼、敬德；西门为执鞭执铜秦琼、敬德；北门为一对文门神加官进爵、加官进禄。

《风调雨顺 国泰民安》

按照习惯，年轻人门上贴加官进爵；中年人门上贴秦琼、敬德；老年人门上贴天官赐福、吉祥如意等。而官府的门上则贴风调雨顺、国泰民安门画，如买卖兴隆回家来。

《买卖兴隆回家来》

拿灶神画来说，画面上只有一位神的叫单灶，加入灶神太太的叫双人灶，最多有十三口灶的画，单灶因神像冠带服色不同又分为红袍灶和黑袍灶。红袍灶多为官绅富户人家张贴，黑袍灶是平民百姓家张贴的。灶神还因背景图样不同又可分为花瓶灶、灯笼灶、九龙珠灶、平等冠灶等。神像画贴好后，再配以对联，既表示人们对神灵的敬畏，又寄托对美好生活的期盼。如土地神两旁的对联是"土中生白玉，地内产黄金"；灶神两旁的对联是"上天言好事，下凡降吉祥"。

木版年画是中国历史悠久的传统民间艺术形式，凤翔木版年画是中国传统民间年画的一大流派，凤翔木版年画充分体现了中国西部农民的民俗风情和浓郁的民间美术特色，也成为研究中国西部农村生活和文化风貌的珍贵艺术资料。

寒山寺

官斜

桃花坞年画

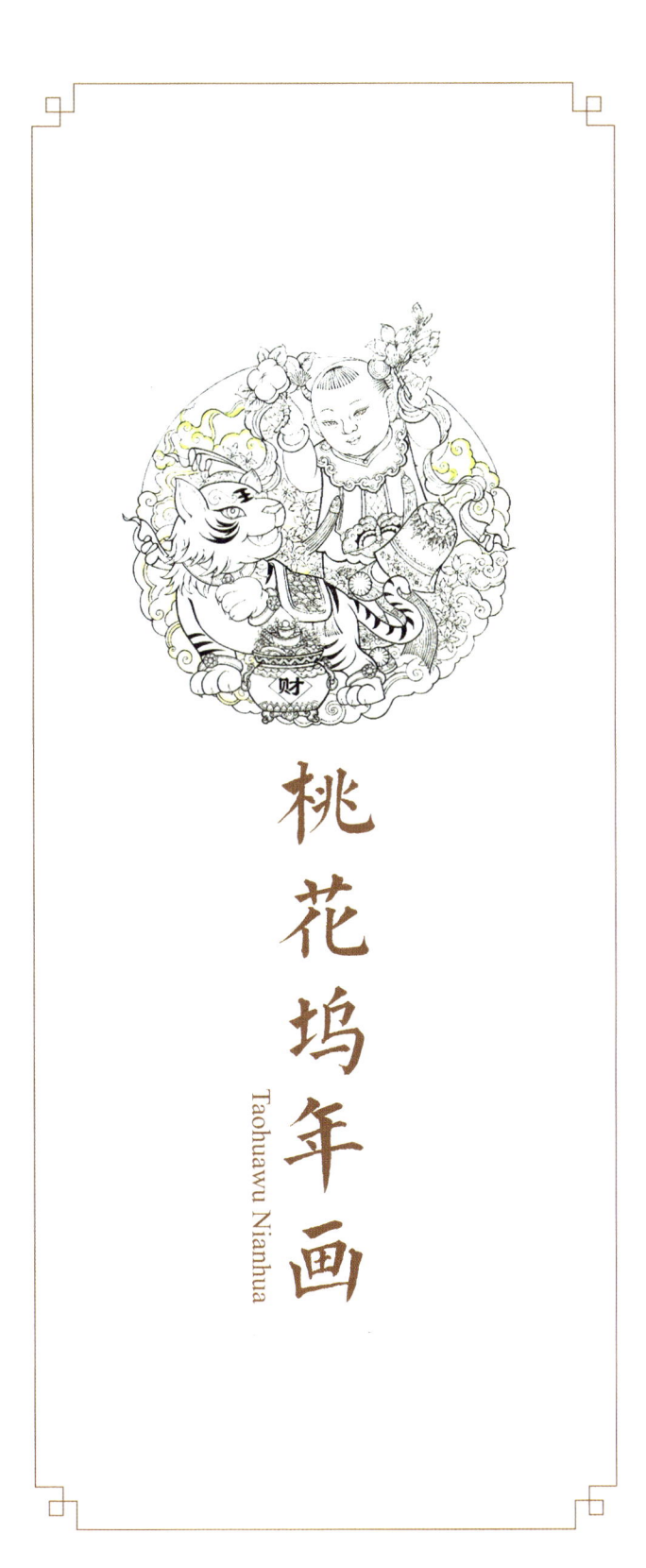

Taohuawu Nianhua

一件作品

　　阊门在苏州城的西面，取意"天通阊阖风"。在春秋时期，吴王阖闾想要攻破楚国，楚国在吴国的西面，所以阊门又被称为"破楚门"。年画《姑苏阊门图·三百六十行》作品的局部图中，展示出城内外商号林立，街市繁华的盛景。

　　桃花坞位于苏州阊门内北城下，自古以来便是苏州城里一个风景秀丽的去处。桃花坞木版年画常被人称为"中西合璧、雅俗共赏"。政治经济、社会历史、人文风尚、审美情趣、工艺技法、工具材料，这些客观因素和民间手工艺人的个人风格都对苏州的年画制作形成了深远影响。同时，也形成了桃花坞木版年画鲜明的地域特色和不同历史时期的艺术特点。

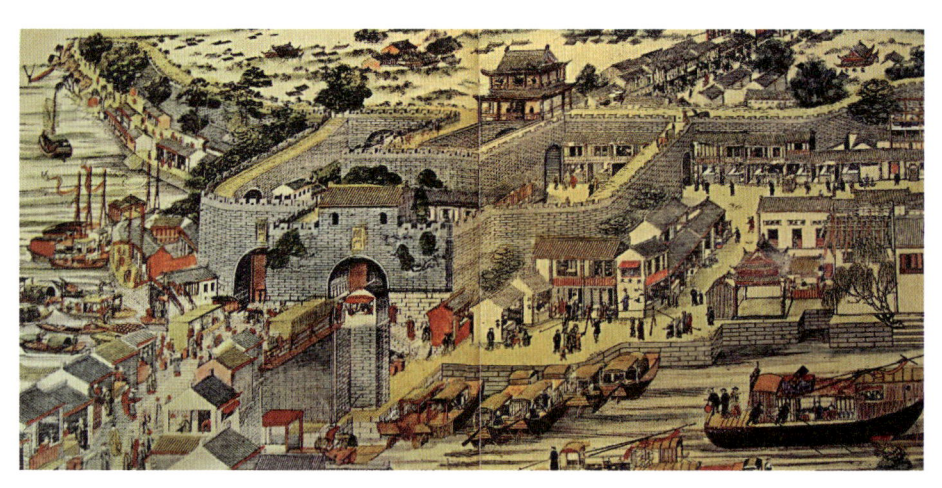

《姑苏阊门图·三百六十行》（局部）

康熙、乾隆年间"姑苏版"的艺术特色

追摹传统绘画的题材形式与技法

文人参与的"姑苏版"在画面经营与笔法运用等方面都摹仿传统绘画,具有浓厚的宋代以来的院体画、界画和风俗画的特征。在形式上也延续了传统绘画的中堂、对屏和册页的形式,不少画面还加以大段的诗句题咏和款识,体现了文人意趣。"姑苏版"以我国传统山水画"三远法"布局出的远山近水和亭台楼阁,铺陈出辽阔深远的意境,并以擅长的传统绘画笔法描绘山峦、树石、水波等。

两宋以来随着市民文化抬头,兴盛起来的写实风格的风俗画,无论从题材、形式,还是表现技法对"姑苏版"都有相当大的影响。如"姑苏版"《姑苏阊门图·三百六十行》等城市风景画与北宋张择端《清明上河图》、明代仇英《清明上河图》可谓一脉相承。"姑苏版"中大宗的仕女图,从人物开相到举止、衣饰都能看到清代美人风俗画的影子。

《笋书虑长遗 母儿满床欢》

◉ 参用西方绘画的表现技法

"姑苏版"在延续传统绘画精神的同时，表现出对外来艺术形式技巧的浓厚兴趣。画师们学习西洋透视法，以明确的建筑透视线表现空间，所用的颜料改为以水性植物颜料与石性矿物颜料为主，尤以水性植物颜料更适合木版水印的表现。苏州自古绘事发达，颜料制作技艺精湛。这一时期的桃花坞木版年画色彩似丹青笔墨般文质古雅，经久不褪，与其所用颜料特性有关。

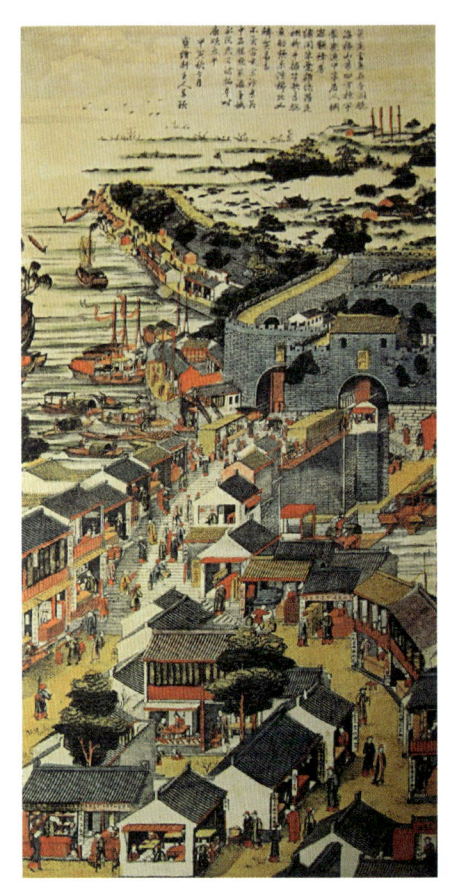

⊕ 嘉庆、道光年间桃花坞木版年画的艺术特色

这一时期的桃花坞木版年画延续了前朝精致、典雅与古朴的风格，不乏精品涌现，但总体上却显示出由盛转衰的趋势。题材表现不似前期丰富，虽不乏之前常见的仕女闲居等题材，但尺幅缩小，表现都会风光和市井生活的巨幅作品却越发鲜见。

《姑苏阊门》（局部）

◉ 表现技法向中国传统绘画技法回归

焦点透视等"仿泰西笔法"渐失，虽在衣褶等处仍有通过墨彩浓淡的晕染来表现明暗，但不复仿铜版画排线技法的细密铺陈，显示出西方绘画技

牛气

法影响的衰退。版式上，"月光版"等富于苏州版画插图特色的版式已十分鲜见。设色技法仍以墨版套色结合敷彩为主，并大量使用明净而沉着的花青色（即靛蓝色），形成这一时期桃花坞木版年画色彩的重要特征。

同治、光绪以后桃花坞木版年画的艺术特色

清末，桃花坞木版年画主要转向新兴大都市上海和广大的农村地区，艺术风格和特色随之转变。

鸦片战争以后，随着中国近代纺织业的发展，西方合成颜料传入中国，称为"品色"，如品红、品蓝。虽颜色通透，但日光照射后容易褪色。为了降低成本，桃花坞年画中也开始使用"品色"。以墨版套色为主，配色除三原色外多采用紫、红、桃红、深紫和朱红等鲜艳色彩，对比强烈。尤以桃红色最为夺目，以致后期，将这种明媚的桃红色作为桃花坞木版年画区别异地年画的重要特征。

此时的很多年画制工粗糙、人物堆叠，各种大红大绿的刺激视觉的原色杂糅在一起，显得斑驳缭乱。版刻线条不如前期雅致细秀；题材内容方面，门神、历画之类成为主流，小说戏曲题材明显增多；除少数大幅的门神和三星、天官外，绝大多数画幅都缩为四开大小，艺术水准大为下降。

《花开富贵》

在上海，为了适应新兴市民阶层的审美需求，年画师傅开始以苏州笔法，在传统题材基础上，推出以上海习俗、十里洋场、租界生活、时事新闻为题材的新年画，绘图设色大量采用浅红、淡绿诸色，显示出近代上海大都市的市民趣味。

一位有缘人

桃花坞木版年画在当代的传承和发展中十分富有时代气息。传承人为了将年画这门传统工艺更好更快地融入现代生活，将创新和应用结合起来。

乔麦，本名乔兰蓉，是为数不多的愿意投身于桃花坞年画创作的80后。作为苏州市文艺之家文艺志愿者，她积极参与文艺活动并致力于桃花坞年画的传播和推广。

身兼中国工艺美术学会民间工艺专业委员会、苏州市姑苏区非遗保护联合会理事、江苏省民间文艺家协会、苏州市工艺美术协会、苏州市民间文艺家协会会员等多项身份，乔麦以自己细腻、淡雅的画风继承和发扬了桃花坞年画传统技法，将江南恬淡、宁静的慢生活表现得淋漓尽致，如《运河系列》《江南系列》。

乔麦师承国家级代表性传承人房志达、王祖德，广东省现代水印版画研究院执行院长卢平

桃花坞木版年画代表性传承人乔麦

《运河十景之枫桥夜泊》

先生。按照王祖德先生的说法,"学会画稿要5年,学会刻版要4年,学会印刷要2年。"按照研修班的课程安排,这11年的内容乔麦却要在1年不到的时间内学完,期间还要算上寒暑假、毕业考察和毕业作品设计。对于有基础的乔麦而言,学习这些内容自然用不上如此长久的时间。但高强度的学习,仍旧让她很有压力。"虽然辛苦,但是自己喜欢,也就无所谓辛苦了。"因为热爱,这位年轻的画师辛苦并快乐着。

乔麦长期从事桃花坞木版年画的创作与文化交流,作品曾多次参加全国及地方美术展,被中国工艺美术学会、苏州美术馆、苏州市工艺美术行业协会、国内外大学以及中国驻外使领馆、外国驻华使节等收藏,并受邀赴海外参展和交流,广受赞誉,屡获殊荣。2018年获评姑苏区非物质文化遗产"桃花坞木版年画"代表性传承人,并于首届"苏州国际设计周"举办年画专题展获"最佳非遗创新设计奖"。2021年获评第三届"苏州市工艺美术大师"、苏州市非物质文化遗产"桃花坞木版年画"代表性传承人。

《加官·进禄》(左:进禄武门神,右:加官武门神)

2021年，中央电视台大型文博探索节目《国家宝藏》第三季第九期中，乔麦为大家带来作品《加官·进禄门神》，展现桃花坞年画"精细秀雅"的艺术风格。她还曾代表桃花坞年画参加2010上海世博会江苏活动周和苏州日"桃花坞木版年画展演"，还多次受邀为上海博物馆"艺匠古今"民艺体验工作坊、浙江省非物质文化遗产传承人群培训班等授课。乔麦将自己对桃花坞年画工艺的实践和创新的理念通过授课、报告、讲座的形式进行宣讲，让更多年轻朋友了解了这门艺术，喜欢上了这门艺术。

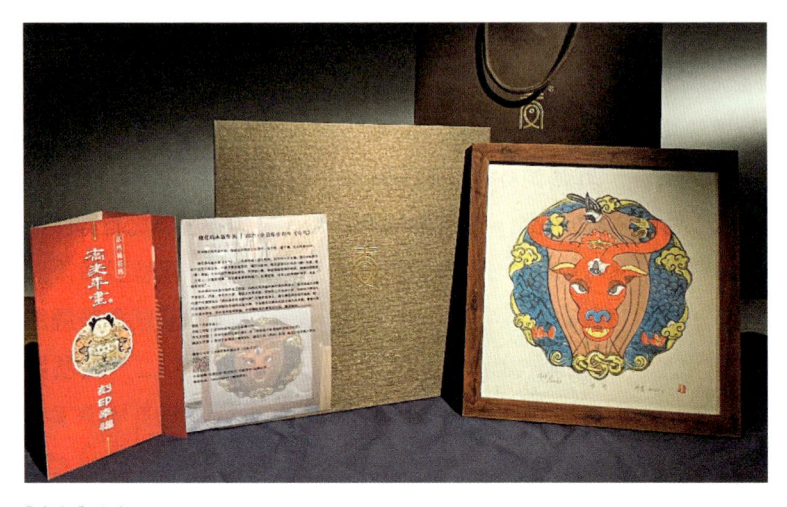

《牛气》礼盒

她还创办了自己的年画品牌——乔麦年画。在进行年画创作的基础上，还开发了一系列文创衍生产品，主要包括年画纸艺文化日用品、年画风格服饰以及年画风格家居用品等。乔麦通过文创产品开发和体验课程等活动，扩展桃花坞年画影响力，推动年画艺术融入生活。台湾著名文创品牌"诚品生活"在苏州开设大陆第一家旗舰店时，特邀乔麦入驻，开设了她在苏州诚品的艺术工作室。

同时，她还努力将桃花坞年画传播推广到海外，多次参加海外组织的各种展览和活动。包括受邀赴日本、韩国、新加坡、

《诸事圆满》摆台

意大利、法国、比利时、西班牙等国举办的年画展览和文化交流，让世界看到桃花坞木版画的独特魅力。旧时，被称为姑苏版、深受欧洲人追捧的桃花坞年画，如今也需要通过传承和创新屹立于世界文化之林，而这一切绝对离不开新一代青年的努力。所幸，以乔麦为代表的青年让我们看到了希望。

一门手艺

桃花坞木版年画制作技艺熔传统绘画技法、刻版技艺和套色水印技术于一炉。从工匠的手艺中师徒相承流传下来的手工技艺，十分珍贵。

桃花坞木版年画的制作技艺继承了明代一版一色的套印方法。一幅年画，从构思创稿到完成，必须经过画稿、刻版、套印三道工序，有的还需人工着色、敷粉、扫金、扫银和装裱等流程，可谓繁多复杂。

画

创稿要先确立设计主题，绘制富有桃花坞木版年画艺术特点，同时符合生产工艺和操作规律的画稿。在画设计稿前要先熟悉生产工艺，只有合乎桃花坞木版年画的生产工艺才能更好地体现出艺术特点。

画稿

勾稿即勾出符合刻版工艺的线版稿以便刻版。要求画稿不论大小，线条不论粗细，都要用浓墨勾勒清楚，线条不宜过分细密、粗细不宜相差太远，笔法不能太轻佻转折，不能像写意画那样随意发挥，给刻板造成困难。

分版稿就是指要在线版完成后，根据原创初稿分出填色版稿。

❀ 刻

看稿。细看画师勾出的线版，发现那些在具体刻制过程中可能会出现的不利于操作的地方，提醒画师修改线板。

配板。根据线版稿选择合适的梨木板，并刨光、沙平，以平光细净为度。

贴样。将线稿勾描在蝉衣纸（特制专用透明纸）上，再平整服帖地贴在梨木板上，这道工序极为重要，所谓"上样定终身"，讲究指法、分量轻重以保证贴样不走形。不论是什么样的画稿，在粘贴时，都要将木板刨平，以平光细净为度。

刻版

用拳刀刻出线版

　　套色版贴稿纸比墨线版要困难得多。套色版是根据墨线版而来，如果与墨线版有差异，印刷时必不"上套"。所以，刻版艺人视套色版贴样为这门手艺的第一个难关。

　　刻版。用拳刀以四种刀法（发刀、衬刀、挑刀、复刀）刻出线版。刻版的刀下功夫和其中诀窍需刻版艺人钻研苦练。线条、点、面全部刻出后，需用刀具进行敲底、修整。铲底要求奏刀准确，铲底平整。有诀云："发刀准，挑刀狠，铲底轻。"

工具墙

套版（又称色版）。画师根据线版进行分版，将线版分版稿选板、上样、刻制成色版。

对样是指线版、色版全部完成后，要细心复查，是否存在失套、漏版、断线等现象，发现问题要及时补版。补版时将需要改动处挖去，然后嵌入同样大小的木片并处理平整，再依照原稿加以墨线进行刻画。

❀ 印

看稿。印的过程中看稿要与画师配合，认真对照画稿查看刻好的线版和套版（色版），检查是否有漏套现象，再设定印刷程序，分看墨线稿和套色稿。看墨线稿时要注意检查墨线稿的布局、线条组织和粗细程度。再看套色版，桃花坞木版年画的色彩分布虽然多是满版，但必须做到不沉不闷，配色轻重适当，色块处理既要满版，色距又要相近。反之，会造成色彩刺眼或污浊。

使刷帚蘸色

上料，即夹纸。印刷每上一手料为500张，将纸切光笃齐，靠左边按版片的边缘，整齐且略有坡度地夹在印台的撬棍下。坡度在30~45度之间为宜，坡势由右向左，这样上撬棍固定后便不易走位。

印线版，要讲究以下几样手头功夫：

扦纸功夫，扦纸的紧或松、平或斜均会影响到印刷的准确度。一般都是在撬棍左边按上一块"衬板"，以帮助扦纸的角度和平稳度，不过最后效果仍凭手上功夫。扦纸上版面，还需注意版面的平准。

刷帚功夫，刷帚在颜色盘内蘸色后落版，初时需用力较重，以便泼开颜色，然后轻匀而又快速地遍刷版面，不等颜色稍干便扦纸上版。在刷帚刷版时，应防止颜料溢到版面边沿或边外，或淤塞成块，更应防止棕丝脱落而污染画面。

擦子功夫，当扦纸上版后，随即擦子下落，由撬棍一边先轻轻地自右向左，再由中央向四周施展，以定版位，然后用重而灵活的力道擦出画面。要求既要均匀，又要根据色块粗细不同的情况，施展轻重软硬的功夫灵活应对。

印画

夹水。印完线版，需先夹水20分钟左右，目的是压平以便印套版，同时让墨色固定，并去掉一些水分。

摸版。套色版要和墨线版结合的丝丝入扣，摸版是重要的一关。上下左右的部位要摸准。版片大的在版背四角垫以潮纸，版片小的用膏药肉，即中药店出售的膏药原料粘住，均用小榔头敲移。在印刷过程中微有移动时，需随时注意敲版校正。

印套版时首先要选好颜料。为了套版上色容易、固色稳定、刷色均匀、印色光亮，颜料要加胶调制。颜料的调制也有讲究。用开水冲颜料时，要浓淡相宜。在冲开的颜料中下胶时，分量要适度，一般是冷天宜少，热天宜多。

套印时要特别注意合版的到位与用刷的轻重把握，这是"易会难精"的一门手工艺。整个过程，要达到匀、准、洁、鲜的要求。

印台

隔水是因为每印一套色，纸面就会有一定程度的潮湿，不仅纸有伸缩性，色彩也容易受潮，而影响下一套色彩的准确性，需要隔水处理。办法是每隔七八张，或十几张纸中间隔上一张干燥的纸板。隔水时间约为半个小时，但时间不宜过长，最后一套的隔水时间应比分套时隔水的时间略长，待纸上全部隔干后再下料。

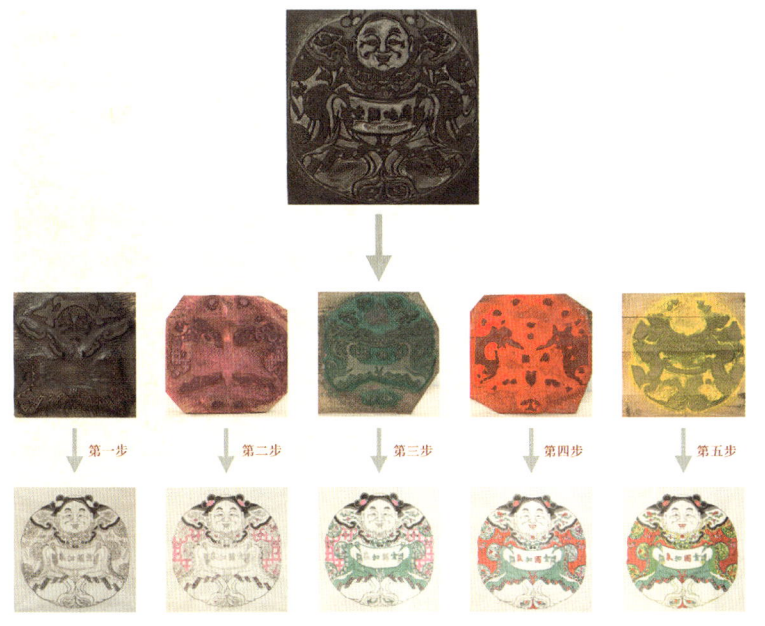

第一步　第二步　第三步　第四步　第五步

套色印刷流程图

桃花坞年画　◆　197

一方水土

"桃之夭夭，灼灼其华。"

苏州桃花坞，位于古城的西北隅，街长648米，东起巍峨庄严的报恩寺塔，西抵阊门。这里早在唐宋时就极为著名，曾桃树遍植，人们都在这里游春赏花，且名胜古迹众多，名人辈出。

在热爱文化的苏州人眼里，这里的桃花奇异非凡，颇具灵性才气。在四五百年前，这里同时出现了名扬天下的一人一品，一人即是明代江南大才子唐寅，一品即是桃花坞木版年画。

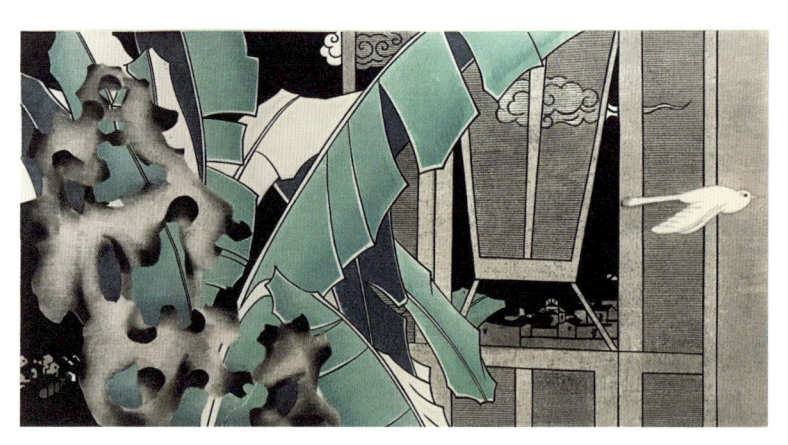

《清风徐来》

商业繁荣，手工业发达

阊门，自古就是苏州最热闹的商业区。明代中期随着商品经济发展，资本主义萌芽出现，阊门进入全盛时期。以阊门为中心，城内桃花坞和城外山塘街最有名气，前者是木版年画，后者是历史更悠久的手绘年画。山塘街东起阊门，西至"吴中第一名胜"虎丘，长约七里，故有"七里山塘"之称，店肆栉比，游人如织，热闹非凡，有许多经营手工艺的，"技艺山塘妙莫过"。

从明成化、嘉靖年间至清咸丰十年太平天国忠王李秀成率军攻占苏州，将近400年时间，苏州的

《六月午候》

繁华富庶号称天下之最。由此，苏州及其周边地区，不仅是全国书画的创作、收藏与鉴赏中心、商品画的市场流通中心，也是民间年画的主要产地，与天津杨柳青一起成为南北两大年画中心，并称为"南桃北杨"，以产量多、制作精美而名闻天下。

❀ 市民阶层兴起，文化消费融入生活

明代中后期，社会开始向近代转型。市民阶层兴起，城市生活方式和社会风尚发生变化，"信鬼神，好淫祀""多奢少俭，精饮馔，鲜衣服，丽栋宇"。尤其是北宋著名的政治家、文学家范仲淹在桑梓之地创建府学以降，苏州人崇文重教，贾而好儒、讲究文化消费，建立了一种将文化融入生活、品味趣尚的传统。

❀ 雕印中心，刻画兴起

明中叶苏州民间刻书最盛，与南京、北京、杭州一起为全国四大雕印中心。刻书和插图版画的兴起，对桃花坞木版年画的产生和发展有直接的影响。

如明弘治十四年（1501）吴县知县邝瑞所编《便民图纂》，全书计插图31幅，每幅图上方均为反映吴中农桑等事的竹枝词。这种上诗下图的形式，在后来桃花坞年画中也经常可以见到，可视作民间年画艺术之粉本。

《蟠桃知了图》

一段历史

🔹 **桃花坞木版年画成为苏州木版年画的代名词**

桃花坞木版年画大体形成于明成化、嘉靖至万历年间，因为苏州著名文人画家曾参与，常见有署名唐寅、仇英等人的作品，当然多是民间画工临摹托名，但市民无不喜闻乐见，所以声名远扬，成为品牌，以至于后人将桃花坞年画作为泛指苏州木版年画或苏州民间年画的代名词。

《厚（猴）积（鸡）薄发》摆台

特指的苏州桃花坞木版年画已有四五百年历史，那么，在此之前，苏州是否已有木版年画了呢？答案无疑是肯定的。天津杨柳青木版年画"兴于明"的重要因素是明永乐年间江南年画世家戴氏的迁入。《杨柳青镇志》载，戴氏先人于明永乐年间，携画艺从江南随京杭大运河漕船北上，至杨柳青经营木版年画。由此可以证明，苏州木版年画业不仅在600年前就已存在，而且有从业者抓住永乐皇帝朱棣迁都的机遇，北上寻找新的商机、开拓新的市场。

明万历时期，是中国古版画史上的黄金时代，形成了从建安派、金陵派至徽州派、武林（杭州）派、苏州派、吴兴（湖州）派并耀争辉的局面。它们不仅各具特色、各擅胜场，而且互相影响、不断升华。桃花坞年画的绘画风格也深受此时期的影响，近代学者郑振铎在《中国古代木刻画史略》中称此"由粗豪变为秀隽，由古朴变为健美，由质直变为婉约""我想桃花坞的年画可能到了这个时代才兴隆起来"。

桃花坞年画

文人画传统和外来技巧融合，彰显市民化特征

清康熙、雍正、乾隆三朝（1662—1795），是桃花坞木版年画历史上最为辉煌的时期，年画质量、销售空前提高。当时苏州有五十余家年画店，行销苏、浙、皖、赣、鄂、鲁、豫等地，并远销日本、南洋。苏州桃花坞年画最受文人画传统和外来文化影响，其市民化的特征表现得最为淋漓尽致。

《寿字图》

桃花坞年画在借鉴外来技巧时不失民族风格和本土特色，色彩厚重、古朴、细腻、和谐，画面以棕色为主，在制作上印本与笔绘相结合，人画痕迹明显，艺术格调高雅。这一时期的代表作有《苏州名园狮子林图》《姑苏虎丘胜景图》《金阊古迹图》《清明佳节图》《全本西厢记》《麻姑献寿图》《福字图》《寿字图》《五子登科图》等。

《麻姑献寿图》

《福字图》

❁ 日本浮世绘与桃花坞木版年画的渊源

"姑苏版"对日本和欧洲艺术的影响，更为桃花坞木版年画在世界艺术史上奠定了地位。18世纪，"姑苏版"与大量的中国书籍一起通过民间海上贸易，经由长崎传入日本，在相当广泛的社会阶层中引起一股尊崇中国文化的热潮，催生了日本浮世绘艺术，进而启发了欧洲印象派艺术，确立了世界美术的新格局。

日本美术界所称道的影响"浮世绘"的"姑苏版"主要指的就是早期和全盛期的作品。许多日本学者对此均有论述，如小野忠重先生认为，"中国年画感动了日本的浮世绘画家……浮世绘的新构思，无不以此为参考"。成濑不二雄先生在《试论苏州版画》中论述得更为翔实："江户时代的长崎，输入很多苏州版画"，"开始应由于供应侨居长崎的中国人对年画之需要，随后因爱好者之留意而推广传至日本各地"。

桃花坞木版年画的早期作品，有相当数量在日本被视作艺术品得到了很好的保存，日本学者对此有深入的研究。可惜的是，这一时期的作品及此后清代后期的大部分作品，竟然在我国国内荡然无存。1972年在日本奈良举办了一个"中国明清时代的版画展"，其中有清康乾及清后期桃花坞年画85幅，这一时期的代表作品几乎全有。

《一团和气》康乾版

❁ 在日本古典美术中，浮世绘的知名度最高

"浮世"乃瞬息即逝的尘世之意。浮世绘是江户时代以江户市民阶层的审美情趣为基础发展起来的风俗画，主要包括版画浮世绘和手绘浮世绘（肉笔绘），其发展史和印刷业有密切的联系。浮世绘样式的发展主要是在木版画形式上进行的，因此，人们提到浮世绘，往往专指木版画形式，其中以刻绘美人画、歌舞伎俳优画和风景画居多。

一袭传统

年画，苏州人称"画张"，是中国"年文化"的产物。按照传统习俗，每逢农历岁末，家家户户要张贴年画，以驱避鬼魅的侵扰，祈求来年的好运和幸福生活，营造喜气洋洋的新年气氛，后来又拓展至其他节日以及婚嫁、寿庆等民俗活动中。据史书记载，明清时期苏州年画成市的地点星罗棋布，不同的年画产品不同时期各成其市。这其中，东临北寺塔、西邻阊门的桃花坞作为年画主要产地的地位和影响更为凸显。

《一团"河"气》

苏州桃花坞木版年画的题材以描绘城市生活和市民风俗为主，尤以景物、仕女和文学、戏曲、历史故事最为典型，风格清新雅致，受西洋铜版画影响，注重透视和明暗技法运用。尤为著名的画作《姑苏阊门图·三百六十行》大对屏，以左右双幅合成全景，相当于两幅中堂大小，场面宏大。其文化意义，则不同于写心清高、超然物外的文人画，显示了年画反映现实"俗"的优势，是一幅幅展现生动立体、千姿百态的城市日常生活的历史图卷。

桃花坞木版年画不仅是一部书写了600多年的手工艺术宝典，更是一幅展示民俗风情、人文历史和社会风尚的生动画卷。它对社会生活非常关注，从清代初期以精雕细绘记录都市风物到清代晚期对时事新闻的敏锐反应，为后世研究历史演进、社会文化变迁留下了宝贵的图像资料，确切纪年的《姑苏万年桥图》就有乾隆五年、六年、九年等几个版本。对比这些作品，可明显感受社会发展带动城市风貌的变化。

清晚期年画中，小说戏曲题材明显增多，有些是风行于苏沪一带舞台、书场的戏曲和评弹剧目，也有表现舞台演出实景的作品，反映了清晚期南方舞台演出的活跃。而清末出现了大量反映时事的作品，如反映中日甲午战争中抗击列强的《刘大将军擒获倭督桦山审问》、社会新闻《苏州铁路火轮车公司开往吴淞》、社会百态《三百六十行》等。这些作品在当时起到了传播资讯、增博见闻的作用，为后世则留下重温与反思历史的空间。

苏州桃花坞木版年画与苏州园林、昆曲、评弹、刺绣一样是吴文化代表作。目前，苏州桃花坞木版年画的抢救与保护对于整个吴文化都是非常重要的，它不仅需要从业人员的努力，也需要全社会的支持和持续关注。只有扎根于吴地文化的沃土，坚守民俗性、艺术性和时代性，才能使苏州桃花坞木版年画永葆自身的文化魅力，在世界艺术之林中绽放光彩。

麒麟送子

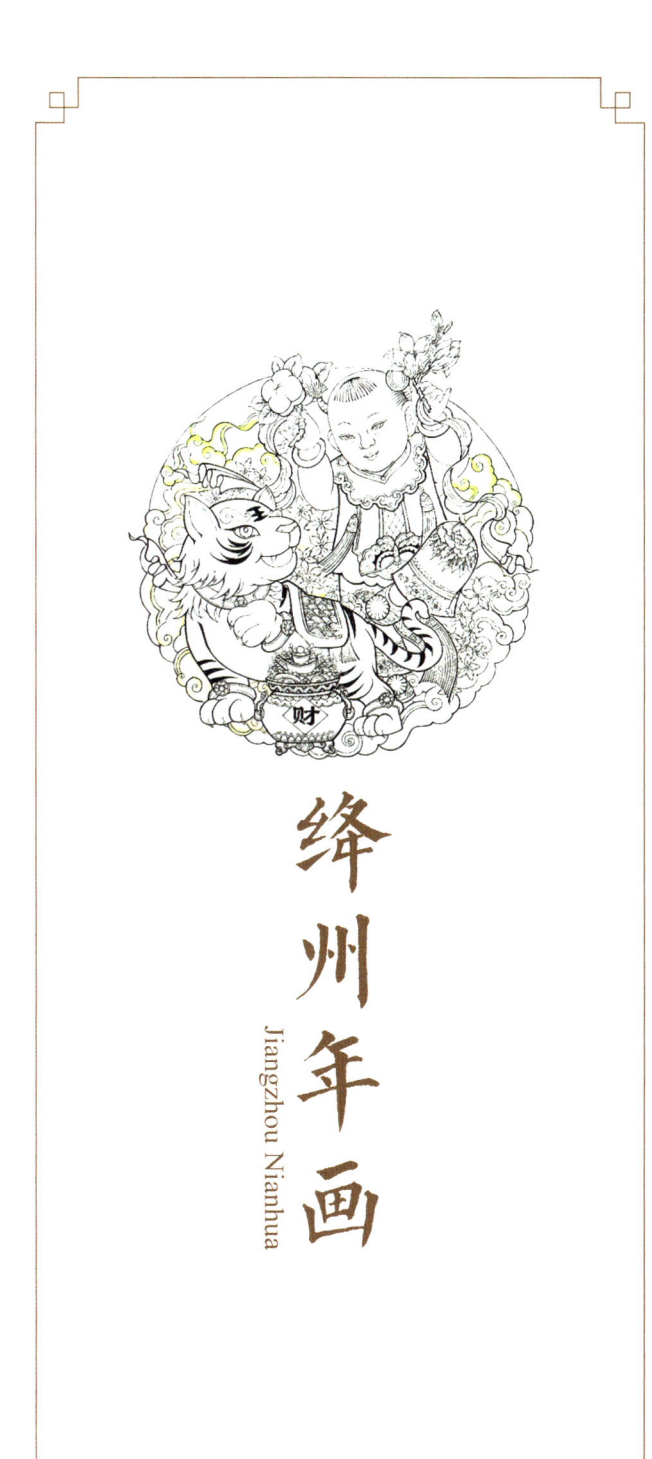

绛州年画
Jiangzhou Nianhua

一件作品

这幅作品为单人的《麒麟送子》。旧时,每当有人举办结婚典礼,就会将《麒麟送子》贴在大屏风上或室内的中堂里。一般旁边还会贴一副对联:龙凤呈祥姻缘美,麒麟送子夫妇欢。贵子骑麒麟,手持笙和莲子,意思是"连生贵子"。仙女手持挑钩,上面系着蝙蝠、磬等。"蝠"的谐音为"福","磬"的谐音为"庆",借用谐音的方式表达出美好的祝福。

绛州木版年画历史悠久,发展脉络清晰,有着显著的特点。

《麒麟送子》

内容丰富,种类繁多

绛州木版年画内容丰富,种类繁多,不仅有门神、戏曲、风俗、婴戏、美人、传说等,还有贡笺、条幅、灯画、桌裙、拂尘纸、对子纸等,细细分来有十余种类型,是年画的集大成者。绛州年画在创作上主要根据民风民俗的需要进行选题、立意、造型，如大宗的神祇类年画、纸马，在佛道儒融合、鬼神信仰普及，以及祖师崇拜盛行的农耕社会，天上地下人间所有的神灵都依人们的意志和需求而各司其职，人们对它们进行了人格化处理，新春之际贴于屋里屋外，营造出一种吉祥美满、红火热闹的节日氛围。丰富人们生活的仕女画、戏曲画，以及各类吉祥类题材，都寄托了人们对美好生活的愿望。另外，商贸所需的商标、广告、包装纸，婚丧嫁娶所需的婚帖、堂主、祭辞以及娱乐的纸牌麻将、除邪的道符、编书用的插图等，都可用木版年画这一工艺生产完成。

《福如东海》

❁ 技艺全面，手法齐全

绛州木版年画技艺全面，印刷手法齐全多样，有一套较完整的制作工艺。各种木版年画的工艺各有特点。在"色纸版印年画""版印敷彩年画""版套手绘年画""全套版印年画"等方面都有着自己独特又完整的技艺。单色印、套色印、半印半绘，各类制作手法一应俱全，涵盖了各种木版年画的艺术表现形式。绛州木版年画刻工精细，构图精巧，雕刻细腻，长于工笔，具有极高的雕版研究价值。

❁ 以人为本，塑造形象

绛州木版年画从描绘各类神马开始，到主宰天上地下人间的各类神灵、关公、钟馗及各时代仕女、戏剧中的生旦净丑，都以人物画作为主线，在形象的塑造上竭尽全力，创造出以人物画为主要创作对象的艺术途径，树立起了活生生的神灵与民俗艺术形象。

至于各类神灵的世俗形象，不像纸马那样粗率丑陋，或文静深思，或粗暴威严，或和蔼善良，或诡诈贪婪，具有一定的性格特征和精神内涵。

《黄鹤楼》(绛州木版年画写为《黄河楼》)

平面分割，构图饱满

绛州木版年画中，神祇类作品是在生活的基础上凭借丰富的想象塑造出神灵形象，因此构图饱满、对称、均衡。画面中的人与物，都处在一个二维的平面中，没有深远的空间透视感觉，只是按照宾主关系，用线条的疏密、曲直、刚柔，面积的大小和分布，色块的冷暖和穿插，黑白的对比与衬托，画面的分割和排列，让人感觉到主神的威严与小神的灵活多样。

而仕女类人物画，则是画工们运用历代肖像画创作的技法，突出主要人物，强化主题思想，画面中留出大片的空白，为读者留出想象空间，达到"无声胜有声"的艺术审美效果。以上两种图式，是绛州木版年画构图的主流形式。

❖ 以线造型，色块补充，色彩艳丽

绛州木版年画，无论哪种题材，均以线条为主要造型手段。未套印色彩的墨线稿就是一幅优秀而生动的白描作品，人物和景物都通过线条的疏密、长短、刚柔、曲直、穿插来表现。因线而产生的具体形象是画工的主观产物，是他们的情绪流露和情感活动的痕迹，所以线条也都充满感情，像音符一样，具有节奏和旋律，在对比中统一，在变化中和谐。可以说，年画中的"铁线描""高古游丝描"已将作品抒情达意的基本任务完全发挥出来了。

绛州木版年画用最少的色彩和简约的手法，营造丰富的视觉效果。作品充分利用三原色之间的强烈对比关系，杂以线条和空白，协调又鲜明，形成绛州木版年画热烈红火、饱满振奋的色彩格调。在总体色调上倾向于两大类：一类是工笔重彩式的套印效果，色彩纯度高，有浓重的重彩对比效果，如大红大绿、大黄大

《四季美人图》

紫、大青大橙，达到抒情达意的目的。另一类是工笔淡彩式的套印效果，弱化各种色彩的纯度，淡化色彩，呈现出一种淡雅秀气的韵味。

绛州木版年画用红（包括桃红）、黄、绿、蓝、紫五色，表现出丰富而艳丽的色彩效果。年画套印一般以三套色为主，有红黄紫、红黄绿、红黄蓝等三色组合。三色中强调一色为主，其余辅助，并派生出好多色彩组合。四套色、五套色，甚至六套色也有，但数量不多。

夸张变形，谐音组合

绛州木版年画往往利用夸张变形、象征寓意等手段突出主题，强化效果，使作品更有表现力，更具典型性。如作为避邪纳福的《馗头》，按老百姓心目中"绿脸红头发，有脚没趾甲"的想象，夸张钟馗绿脸和黄蓝紫组合的赤发及胡髭，让人在威慑中接受"除鬼英雄"的形象。随着时代的变迁，钟馗不但可以除鬼镇宅，而且附加了迎祥纳福的职责，于是又变成以紫红为主调的形象，以紫黄红三色版套印，以紫红统领的画面，给人一种既狰狞又亲切的感觉。

《神判镇宅》

年画是老百姓的艺术，往往用谐音比拟的手法，将要表达的主题意思通俗地表现出来，便于世人接受。如《连生贵子》，用莲（连）、笙（生）的谐音来比拟；《福从天降》，用"蝠"与"福"的谐音，画一蝙蝠表达福从天降。再如《新春》雄鸡门神，寓意"事事如意吉祥"，用柿（事）、鸡（吉）、如意来表现，从而把祝福送到千家万户。

迎祥纳福，财马独特

在古代农耕社会中，普通民众，特别是农民的生活，往往比较贫困，他们把求财纳福作为美好追求，并为之奋斗。绛州木版年画独有的纸马形象，在农耕时代作为神灵和财富的象征，被人们奉为沟通的使者，寄托对美好生活的向往。纸马一开始占主导地位，后来逐渐演变成财马，变成财福的乘骑，成为沟通财福与人的使者，寄托着人们对美好生活的向往。

财马是一连数张印在一起的袖珍年画，每张裁下来可以单独使用，有四裁、八裁、九裁、十二裁、十六裁等多种形式。内容各不相同，独立成章，以吉祥如意、迎祥纳福为主，如《天官赐福》《三星高照》《招财进宝》《一品当朝》《和合二仙》《福寿双全》等。最大的12厘米左右，最小的5厘米左右，色彩鲜艳，价廉物美，为家家必购年画之一，张贴在屋内屋外生活用品、生产用具上，营造出五彩缤纷、红火热闹的节日气氛。

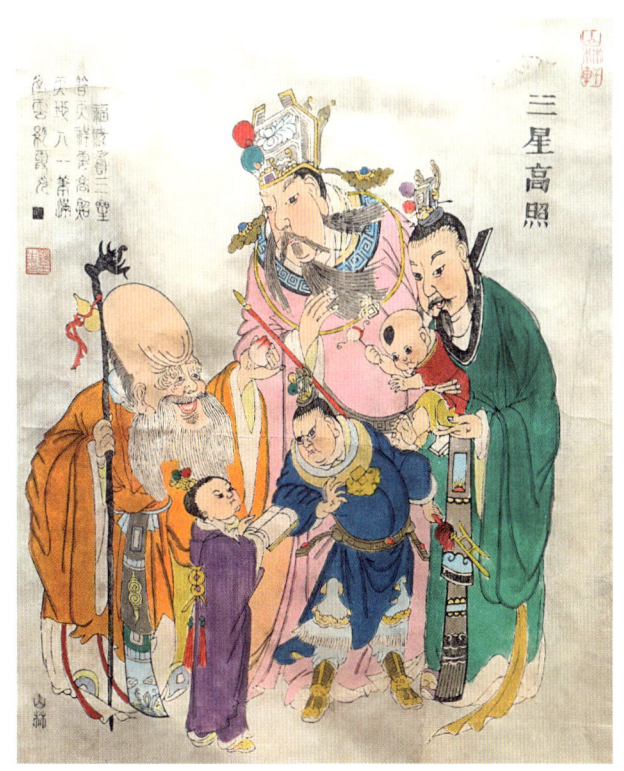

《三星高照》

一位有缘人

绛州木版年画是悠久的地缘文化和劳动人民的智慧相碰撞而生发出的民间艺术。它既是过去劳动人民生产、生活的一种形式，更是一种文化创造。文化创造离不开发展，也离不开传承。

随着农耕时代的消退，信息时代的到来，如何抢救、整理、保护这门日渐式微的民间艺术，又如何通过传承人承续和发展都是十分关键的问题。身为新绛县古交镇中社村人的郭全生，就以自己的钻研和努力，为绛州木版年画的传承做出了巨大贡献。

《瑞鼠纳福》

1966年出生的郭全生，出于对民间传统文化浓厚的兴趣，从1984年开始学习、收藏、研究木版年画的制作技艺。因有木匠手艺的基础，加之天资聪慧，郭全生很快就能独立完成木雕工艺。为了提高木雕技艺、掌握木雕精髓，郭全生师从老字号"天福成"第四代传人苏廷生，并成立绛州"山林轩"画社，之后又先后拜"益盛成"和"景记纸局"的传人为师。

郭全生正在刻版

　　历经三十余年的制作与实践，郭全生已全面掌握画墨线稿、选材拼版、油浸、刻版、平底到墨线印刷、手工填色、刻套色版、套色印刷等木版年画印制的全套程序和工艺，整理与保护了大量古板和年画遗存。他进行独立创作并经数年刻版印制完成的《古代竞技图》11米长卷，入选中国农民艺术展，被组委会永久收藏。2013年7月首届山西文化产业博览交易会，他的作品《闺房教子》荣获"神工杯"金奖。2020年7月，作品《义勇武安王》在青岛第55届全国工艺品交易会荣获2020年"金凤凰"创新产品设计赛"金"奖。

绛州木版年画制作现场

　　郭全生现为中国民间文艺家协会会员、文化部恭王府中国传统年画专业委员会、山西省工美协会会员等各协会成员。他还是晋南传统木版年画老字号纯手工制作技艺仅有的保护者。其年画制作工艺入编《中国木版年画集成——绛州卷》，在新绛木版年画被评为山西省级非物质文化遗产项目中，做出了不可替代的贡献。2011年4月，郭全生在人民大会堂参加中国木版年画抢救与保护成果总结表彰会上荣获特殊贡献奖。

　　郭全生十分重视木版年画的学习和传承，他不仅自己去中国社会科学研究院等机构参加培训，还经常走进校园举办讲座，参与山西旅游职业学院"晋善晋美"非物质文化遗产进校园活动。

刻版

他自己的"山林轩"画社先后与运城学院、运城幼儿师范高等专科学校签订产学研合作基地。产学研同步共进，才能使传统技艺跟上时代发展的脚步，保持源源不断的生命力。

郭全生并没有将技艺困在传统的方式上，而是将年画技艺带入到他所参与的一些产品的广告宣传中，以此来扩大传统木版年画在当代的传播力度和发展方向。

一门手艺

绛州木版年画在雕版套印、彩绘方面，技艺全面，手法齐全，有一套较完整的制作工艺。

绛州木版年画雕版制作工艺

其一，色纸版印年画。在绛州木版年画的初始阶段，纸马的印刷仍保留了唐五代佛画黑白印刷的特色，只是纸质改为色纸，增加了美感。此形式延续了200多年。

其二，版印敷彩年画。雕版印刷出墨线稿，其余全靠手绘色彩完成。墨线版像工笔重彩画中的白描线稿，框定物体轮廓，表现物体形体、结构、质感、量感、空间感，起到形似的作用。随后，以色彩言语补充，完成造型过程。

其三，版套手绘年画。以墨线版为基础，用彩色套版完成大部分套印过程，只留人物的皮肤部分及少量的衣物，靠手绘色彩完成。这样，加速了年画的生产过程，提高了年画的产量，满足了日益增长的社会需求。

其四，全套版印年画。以墨线版为基础，所有的人物、背景均靠彩色套印完成，套印完毕，便可以批零上市，作为商品流通。

雕刻是木版年画最关键的一道程序。绛州木版年画对画版的雕刻极其精细，每一块版不仅体现了刻工们精湛的技艺，倾注了其精力和心血，也反映了绛州人一丝不苟的生活态度。一般比较常见的雕刻工具有斜刀、平刀、圆刀、三角刀、铿刀、木击锤、版刷等。

一块木板被加工成一块年画雕版

一方水土

　　山西新绛县，地处地肥水美的晋南汾河谷地。现在在县城内还可见隋唐时期遗留下的构造风格，巷陌间明清建筑点缀，颇具历史文化余味。

　　绛州木版年画之所以在新绛地面产生和发展，不仅有其必然的地理、人文环境因素，而且有其必需的物质条件，还必须有一个繁荣的市场作前提。古绛州的繁荣便为其提供了物质与市场基础。

新绛县龙兴寺

◈ 地理位置优渥，物产丰富

新绛县，古称绛州，有人类居住的历史可追溯到新石器时代。在远古时代，绛州是尧都（临汾）、舜都（蒲州）、禹都（安邑）的京畿之地，古老的先民最先领略了唐尧遗风的熏陶，率先进入了农耕文明时代，成为中华民族灿烂文明的源头之一。

新绛县地处山西省西南部，运城市北端，汾河与黄河汇合处。境内汾河水纵贯，属北温带大陆性季风气候。境内气候温和，雨量适中，无霜期较长，土地肥沃，宜于农桑，物产富庶。

◈ 水陆交通要道，成就商贸繁荣

绛州是古代沟通秦、晋、陇、冀、豫诸地的交通要道，一直是著名的水旱码头，春秋时期的秦晋"泛舟之役"就发生在此地。在以木船、骡马为主要交

《回娘家》

通工具的年代，这条天然古道不仅为绛州工商业产品的生产和流通提供了优越条件，而且为促进民间文化艺术的交流和发展做出了重要贡献。

古绛州人以汾河为依托，与黄河、渭河联运，将中原地区和西北地区的经济贸易串联了起来。绛州西濒黄河，邻近陕、甘、青，东逾上党出太行，南接运城，直通河洛，北至太原达京津，依托于交通和丰富的物产，绛州成为晋南唯一的商贸集散地。当地民谣有"拉不完的绛州城，填不满的汾河滩"之说。由此可见，发达的交通运输业是绛州木版年画形成与发展的重要因素。

⊕ 手工业发达，市场繁荣

绛州因其手工业的发达，素有"七十二行城"之美誉，铸造业自唐代以来就非常发达，曾以"天下炉九十九：绛州三十"而成为当时的铸钱重地。20世纪30年代以前，新绛县是河东（今运城）最重要的工商都会和货物输出的中枢，工商繁荣，市井兴旺，有"南绛北代"之美誉。清末至20世纪30年代，手工业发展到鼎盛时期。

⊕ 文化艺术积淀深厚，年俗文化是原动力

几千年来，绛州一直是山西南部政治、经济、文化中心，处于中华文明演变发展的中心地带，文化艺术积淀深厚。考古专家苏秉琦说："'中国'一词最早指的就是晋南。"晋南曾经保留了7000年前到2000多年前的文化传统，在中华民族总根系中具有重要地位，而绛州正好在晋南腹地中心。

悠久的历史为新绛留下了极为丰富的人文景观和文物古迹。全县有新旧石器遗址22处、春秋战国墓群4处、其他名人墓葬17处、古建筑64处、碑碣刻石32处，仅2.5平方千米的县城就有塔、寺、园、楼、庙各类名胜古迹33处。在155处文物古迹中，国家重点文物保护单位8处，省级重点文物保护单位8处。

昔日绛州人对年有特殊的感情。一年300多天的春播夏管秋收冬藏后，年节，正好是又一轮春播前的空隙，是农人的"黄金假日"。每一年实际年俗的尾声直至农历二月二才算结束。这么长的年假，除各式各样的庙会民俗活动外，木版年画是锦上添花的项目。"有钱没钱，贴画过年"，已成为过年的规矩。家家户户屋里屋外到处张贴上吉祥如意、祈福纳财的木版年画，为年景增添了无限的风光和乐趣。除此之外，一大批绘画雕刻大师的出现，版材、工具、文房四宝以及承印颜料的丰富等也为绛州木版年画的繁荣和发展提供了必要的前提条件。

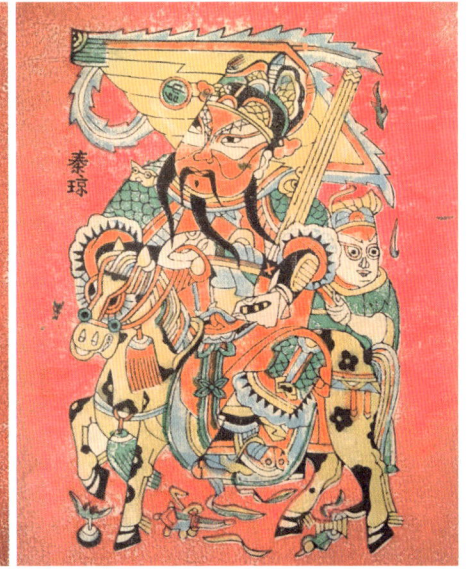

《敬德秦琼》

一段历史

绛州木版年画最早萌发于北宋年间。有文献记载："山西是中华民族文化的摇篮，雕版印刷术发展较早，目前有实物证明，最迟于北宋初，山西绛州就有了古代雕版书。"

早期木版年画是以纸马的形式出现的，并在唐五代佛经画的基础上应年俗的需要而开始流行。金灭辽南下，夺取宋京城后，将汴京雕印的技术人才及国子监珍存的数以十万计的雕版全部掠夺到山西平阳府，并成立雕印监管机构，使平阳成为金代的雕版中心，从而进一步促进晋南地区原有的雕版印刷业技术快速发展。汴京的纸马促进了当地纸马的繁荣，绛州木版年画由北宋始再经金的充实，内容仍以纸马、门神所塑造的各种神灵为主。

《武圣》

尽管此时纸马简单、粗糙、随意，但已具备了"准年画"的元素。

雕版印刷术经元至明、清，已发展到很高的水平，技艺精良，品类繁盛。工艺技术上出现双色和多色印刷。特别是到明万历、崇祯年间，南京胡正言多版套印技术的成功，将木版年画工艺推上了一个新的高峰。绛州木版年画在此大背景下，也跨越了相当大的一步。

到清道光、咸丰年间，绛州木版年画达到鼎盛期。从规模看，仅绛州城内就有三大家（益盛成、天福、翰兴斋）、七小家（积金斋、一品斋、晋祥斋、同裕成、光前堂等）画店，再加上农村半农半艺的40多家作坊，形成一个年画生产经营网。

鼎盛时期，年画的题材内容得到极大扩展，并向表现世俗化的市井生活靠拢，不再是以神灵为主。世俗仕女、关公、钟馗、赵云、二十四孝、名贤图、神话传说、戏剧故事、吉庆类等占据份额逐渐加大。除此

《渔樵乐》

之外，娱乐用的麻将纸牌，祭祖的"堂主楼"、冥票，儒释道、天主教等用的佛祖、观音、圣像及符咒之类，装饰房屋的棚纸壁纸，商业用的商标、包装纸，都成为木版年画的延伸物，几乎涉及人们生活的方方面面，这一时期，套印工艺出现了"全套印年画"。

到这一时期，绛州木版年画在民间艺术家的共同努力下，创造了绘画、备版、雕刻、套印、上色、装裱一整套完整的工艺技术，从而出现了《麒麟送子》《天仙送子》《闺房教子》《渔樵乐》《四季美人图》等一批经典之作，在构图、形象、色彩等方面均达到极高水平。

绛州木版年画发展到中华民国中后期明显开始衰落。直接原因是，清末民初，自西方传入中国的石印、铅印技术抢占了原本属于木版年画的市场。后来，胶版彩印、电脑激光彩排技术的推

广，更使木版年画滞销。而最根本的原因是传统的手工业劳动被机器所代替，农耕文化随着现代工业文明的发展在逐渐消亡。

中华人民共和国成立后，绛州木版年画适应新的社会需求，利用"旧瓶装新酒"的办法，创作出不少新时代时期的作品，如《勤俭持家》《勤劳致富》《建国人才》《国家栋梁》《支援工业》等，但仍旧无法挽救它衰败的命运。

改革开放为木版年画的新生带来了生机，到了20世纪90年代，一些老艺人又重操旧业，进行少量生产，但由于市场因素的影响，加之老艺人的不断去世，绛州木版年画的生产再次跌入低谷。目前，几十家画店作坊，基本上歇业停产。只有山林轩画社和一些专家学者还在执着地研究绛州木版年画。

《新春鸡神》

一袭传统

绛州木版年画作为一种古老的民间艺术，尽管随着社会的发展而逐渐消退，并已淡出历史舞台，但仍因其独特的魅力而散射出耀眼的光芒。同时，它与其他民间艺术相互交流、吸纳、融合，形成了独特的地域特点和文化。

《美人图录》

与戏曲艺术的关系

绛州木版年画与戏曲艺术有着密切的关系，绛州是元代锣鼓杂剧的故乡。戏曲年画一般会借用戏曲故事的主要情节，以连环画或组画的形式进行创作，如《天河配》《美人图录》《回荆州》等。这些年画或作为"灯画"贴在灯上，或作为"窗花"贴在窗户上，或作为"吊板"吊在绳子上，既起到装饰作用，又可以满足人们对戏曲故事品评和观赏的需要，成为人们茶余饭后津津乐道的事情。同时，戏剧的人物造型、服装、道具、程式，也为年画创作提供了素材，如门神中的秦琼敬德、赵云等披甲执戈，均是明清戏曲的翻版。可以说，没有蒲剧艺术，就没有绛州戏曲年画。它们是紧密相连的姊妹艺术，只是表现方式不同。

《秦琼敬德》

❀ 与壁画、碑刻的关系

绛州木版年画与寺庙壁画和碑刻是血脉关系。古绛地区在元明清时期寺观庙宇很多，只要有寺庙，就会有壁画、碑刻，因此造就了一批绘画、雕刻人才。

随着木版年画逐渐兴盛，相当一部分壁画画工和雕刻师适时转入到木版年画的创作中，使其迅速发展起来。绛州木版年画起点高就在于这一批画工和匠师水准高，画稿出手不凡，奠定了木版年画的基调。在画稿的基础上，雕刻技艺娴熟，刀笔流畅，起落到位，保证了木版年画的艺术水准。寺观壁画创作的一系列基本功和表现手法，自然而然转移到木版年画的创作中，不论是线条的疏密、长短、曲直，还是色彩关系的对比调和，二者都非常相似。

❀ 与剪纸艺术的关系

剪纸，是黄土高原人们的技艺强项，从众之多、作品之广、数量之大是任何一门艺术都无法相比的。它的概括、简约、对比等创作手法，都直接影响到绛州木版年画。木版年画中很多画面的灵感便来自剪纸删繁就简的特点，以突出最主要的元素，避免喧宾夺主。

❀ 与民间文学的关系

绛州木版年画在明清时期的发展过程中，很好地从民间文学中汲取了营养，利用散文或诗词歌赋等充实内涵、烘托主题，广大百姓也喜闻乐见，如《春牛图》，春牛芒神占据画面的中心，上方空白处题一首七言诗："我是上方一春牛，差我下凡遍地游。

不食人间草和料，丹（单）吃散灾小鬼头。"作为民间儿童保护神的张仙门神，张仙拉弓放箭，射杀专吃儿童的天狗，膝下一群儿童受到护佑。画上题一首五言诗："张仙下天台，每日将弓开。箭射云中犬，保佑子孙来。"诗句使神人张仙的形象进一步丰满起来。让人看后一目了然。这样文图并茂的形式，富有感染力，加深了教化宣传的作用。

《春牛图》

总之，绛州木版年画在民间沃土中发展壮大，开花结果，离不开各种艺术的滋养。民间艺术的融合发展共同形成了绛州民间文化的独特韵味。文化，是一个民族生生不息、绵绵不绝的灵魂。留住我们的文化血脉，才能增添我们民族屹立于世界民族之林的底气和豪气。

《尧帝》